AF636248

Huub Oosterhuis

Psalmen

Huub Oosterhuis
Psalmen

Aus dem Niederländischen übersetzt
von Annette Rothenberg-Joerges
und Hanns Keßler

HERDER

FREIBURG · BASEL · WIEN

Zur Übersetzung:
Die Psalmen 1–60 und 130A–150 hat Annette Rothenberg-Joerges, die Psalmen 61–130 Hanns Keßler aus dem Niederländischen übersetzt.
Der Dank von Verlag und Übersetzern geht an Kees Kok, Amsterdam, der mit Sachkompetenz und Einfühlungsvermögen das Übersetzungsprojekt konstruktiv begleitet hat.

MIX
Papier aus verantwortungsvollen Quellen
FSC® C014496

Titel der Originalausgabe:
150 psalmen vrij
© 2011 Kok ten Have Publishers, NL

Für die deutschsprachige Ausgabe:
© Verlag Herder GmbH, Freiburg im Breisgau 2014
Alle Rechte vorbehalten
www.herder.de

Umschlaggestaltung: agentur IDee
Umschlagmotiv: © shutterstock
Gesamtgestaltung: SatzWeise, Föhren

Herstellung: GGP Media GmbH, Pößneck
Printed in Germany

ISBN 978-3-451-32364-5

»Gott ist Freund,
wir sind fremd«

Meister Eckhart (12. Jh.)

Freund für das Leben

Psalm 118

Inhalt

Wort zum Geleit

Spröde, maßlose Texte sind es. Voller Abgrund *und* siebtem Himmel.

»Nichts soll mir fehlen – lass es so bleiben, dieses Glück.« Aber auch: »Warum hast du mich verlassen?« Fassungslos darüber, was Menschen einander antun, »foltern, drauflosschlagen, enthaupten«. Aber sie wissen auch: »Eine düstere Sache ist die Welt, doch es gibt Menschen aus Licht.« Sie fluchen gegen Unrechttäter, Menschenverschlinger, Schufte und Schänder: Rette die, die keine Verteidigung haben! Aber auch: »In deine Hände befehl ich meinen Geist« und: »Du wirst die Seele deiner Taube nicht den wilden Tieren überlassen.«

Den unaussprechlichen Namen JHWH, nach der Tradition der Synagoge ausgesprochen als *Adonai,* Herr, habe ich umschrieben mit »Ich-werde-da-sein-wie-ich-bin«.

Die Psalmen sind Lieder aus dem biblischen Auszugbericht, über Befreiung aus Sklaverei und Demütigung, aus Angst und Leere. Über Hoffnung auf »ein gutes, weites Land«, eine bessere Welt. Diese Große Erzählung, die noch immer besteht und Widerklang findet; und manchmal, nach bitterer Ratlosigkeit und viel Streit in Erfüllung geht, hier und da, in Menschen, in kleinen und großen Projekten – du weißt nicht, wobei du gerade mitmachst, und du singst mit Psalm 23:

»Lass es so bleiben, dieses Glück, diese Gnade, all meine Lebenstage.«

1

Gut ist,
dass du nicht tust, was schlecht ist,
nicht hinter Schwindlern herläufst,
nicht mit Schuft und Schänder heulst,
nicht mit den Schultern zuckst –
»Schuft und Schänder, ach,
so ist die Welt.«

Gut ist,
dass du gute Worte überdenkst und willst:
Hab den Nächsten lieb, der ist wie du,
dem Flüchtling, dem Armen schaffe Recht.
Präg sie in das Herz deines Verstandes,
diese Worte,
sprich sie vor dich hin,

gesegnet bist du,

ein Baum, gepflanzt an strömendem Wasser.
Früchte wirst du tragen,
Blätter welken nicht,
es wird dir gut gehen.

Schwindler,
ohne Segen wirst du sein.
Ein Sturm zieht auf,
du wirst verwehen ins Nichts.

2

Hört, Despoten aller Zeiten
und eure Trabanten:

Warum rast und tobst du,
ganze Völker geißelnd?

Möge es weltweit klingen, dieses Lied,
gegen eure Furien des Unrechts,

gegen euren zynischen Hohn und Verachtung,
für das Menschenkind und seinen Gott.

Der Gott dieses Menschenkindes
schaudert und weint in seinem Himmel.

Dann brüllt Er, schüttelt seine Mähne
und springt – unsichtbar vor Licht

steigt Er in ein Menschenherz hinab:
Du, mein Hirte, mein Löwe,

du sollst meine Lämmer weiden,
ihre Wunden waschen und salben,

um mein Weltall zu hüten,
habe ich dich heute erweckt.

Mag es ein Zimmermannssohn,
ein Zöllner, ein Zeltmacher sein,

eine Königin
oder eine Putzfrau,

denen Er seine Leidenschaft einhaucht,
seine zarte Kraft des Erbarmens.

Sie sind voller Furcht. Doch sie gehen –
ihr Weg ist die ganze Erde

bis überall, wo noch höchste Mächte
Menschen zerschlagen wie irdene Krüge.

Weh euch, Trabanten, bestechliche Richter,
weh euch, Despoten, seid gewarnt.

Was für eine Welt wollt ihr
für eure Kinder – diese?

3

Weißt du,
wie viele es sind,
die mir nachjagen?

Sie sagen über meine Seele:
Sie wird es nicht schaffen,
auch mit ihrem Gott nicht.

Du, mein Schild, sei gesegnet.
Ich habe mein Haupt wieder erhoben,
erheb meine Stimme zu dir.

Und du antwortest mir
von höchsten Höhen, wo du bist,
von deinem heiligen Berg.

Ich hatte mich niedergelegt und geschlafen,
erwacht bin ich in deinen Armen.

Tausend, Zehntausend rings um mich her –
ich fürchte mich nicht, nicht mehr,
mag kommen, was kommt.

Erhebe dich, sei Gott-Befreier –
Bösewichtern brich ihre Zähne,

du, der du deine Gemeinde segnest.

4

Hör mich, sei nicht Totenstille.
Gib mir Antwort, wenn ich rufe.

Aus meinem Abgrund hör mich rufen:
Gib mir Raum, weit wie der Himmel.

Mensch, wie lang noch hältst du fest an
Schein und Schicksal? Komm zur Einkehr.

Er gibt Antwort, wenn du rufst.
Er schenkt Raum, weit wie der Himmel.

Also hör mich. Komm zum Vorschein.
Nicht umsonst ruf ich zu dir.

Um eine neue Erde schrei ich
wie eine Frau in ihren Wehen.

Werde ich je noch sicher wohnen,
schlafen in einem Traum des Friedens?

Ja, das werde ich – gib mir Antwort.
Hör mich. Sei nicht Totenstille.

5

Hör, wie ich seufze, schreie, murmele.
Schon morgens früh beginnt es in mir.
Meine Augen fragen: Wo bist du?

Wäre ich ein listiges Lügenmaul,
hielte ich vor deinen Blicken nicht stand,
wäre ich schlecht;
ich machte mich klein vor dir wie ein Floh.

Mörder und ihre Handlanger hasst du.
Mir machst du auf, lässt mich ein: alles
darf ich sehen, deine intimsten Räume.

Ich werde, sagst du, ich werde dich …
was? Mich leiten mit sicherer Hand.
Quer durch die Schar meiner Feinde

mit ihren fauligen Gedärmen,
ihren Kehlen, stinkende Gruben,
ihre Münder gähnende Gräber …

Pack sie, lass sie nicht entkommen,
dass sie straucheln über ihre eigenen Pläne.
Gegen dich zielt ihr Aufstand.

Hörst du mich noch? Ich hörte
Singen über dich, ein uraltes Lied,
stolz und strahlend wurde es gesungen:

Meine feste Burg ist Er.

6

Sei nicht wütend, du,
schlag mich nicht, Hitzkopf.

Sieh mich, ich bin ausgeblutet,
meine Gebeine sind verrenkt,
meine Kraft ist dahin,
verstört ist meine Seele.

Wo bist du, du – wie lange noch?
Entbinde mich, du würdest da sein,
und du schienst vertrauenswürdig zu sein.

Wer denkt als Toter noch an dich?
Wer kennt im Totenreich noch deinen Namen?

Ich heule mir
die Augen blind,
todmüde, starr im Nebel,
erspür meinen Feind,
schrei ohne Laut.

Da kommst du an.
Du erkanntest mein Geschrei und wusstest.
Zuschanden sollen werden
die mich belagern.

So wie geschrieben steht:
»Ich werde da sein.«

Dein Name.

7

Als sie mich beinahe hatten, meine Verfolger,
wurdest du meine Freistatt –
Löwen stürzten sich auf mich,
einer hatte meine Seele schon verschlungen.

Wenn ich falsch bin,
Gutes mit Bösem vergelte, einen Armen bestehle,
dann lass mich fallen,
übergebe mich dann meinem Feind,
der stampfe mich dann in den Grund.

Erhebe, empöre dich, du,
steh groß auf, versperr ihnen den Weg,
meinen Belagerern,
tu Recht.

Du, der richtet die Weltgemeinschaft,
richte auch mich.
Rette, die reinen Herzens sind, du,
untadeliger Richter.

Die Schurken wetzen ihre Schwerter,
spannen ihre Bogen und legen an –
Feuerblitze schießen sie ab, Todespfeile.

In Zerstörung schwelgend, schwanger von Unheil,
gebären sie Wahnsinn, graben ihren eigenen Abgrund,
fallen, stürzen zu Boden.

All ihre Schläge erhalten sie zurück –
ach ihr eingeschlagenen Schädel.

Gesegnet seist du um deiner Gerechtigkeit willen,
ich sing deinen Namen bis in den Himmel.

8

Unmöglicher Name, unnennbar, wer?
Tief oder hoch, in welchem Erdenwinkel, wer?

Himmel, majestätischer Mantel,
funkelnde Myriaden –
wer?
Der aus dem Mund von Kindern
eine Kraft aufbaut, eine Burg aus Liedern,
wo sie ihren Schändern entkommen,
der.

Wenn ich den Himmel anschau,
Mond, Sonne, Sterne dort geformt:
Wer sind wir dann,
dass an uns gedacht werden sollte,
Mensch, wer bist du, dass du gewusst wirst?

Göttertöchter sind wir und -söhne,
gekrönt mit unsichtbaren Kronen,
in verfeinerte Körper gekleidet.

Und die ganze Erde ausgelegt zu unseren Füßen,
bis in die fernsten Fernen,
dass wir sie behüten.
Herden von Schafen, Mengen von Vieh
mit den Tieren der Wildnis zusammen,
Vögel entlang der Himmelsbahnen,
Fische, flitzend entlang der Meerespfade.

Unmöglicher Name, unnennbar du,
wer du,
tief oder hoch, in welchem Erdenwinkel, du,
wer du?

9

Loben und preisen, »Ehre sei Gott«,
danken, bewundern, singen.

Ich lache dir zu, verliebt und verlegen,
dein Name ist: Einziger Wahrer.

Feinde sind in die Flucht geschlagen,
strauchelten, fielen der Länge nach hin,

konnten nicht ertragen deinen Anblick,
unbestechlicher Richter, du,

der mein Verfahren schlichtete, mich freisprach –
du entlarvst die Schlächter.

Fegst ihre Namen weg für immer …
ihre Städte – wer weiß, wo sie lagen?

Von nun an sitzt du für immer und ewig
auf dem Stuhl des Rechts?

Jetzt wirst du die Welt richten,
Gott-Ich-werde, gerecht und gnädig?

Der Zertretene findet von nun an
einen sicheren Anker in Stunden des Todes?

Wen du suchst, der wird gefunden?
So wie die Psalmen es singen:

»Dass du das Schreien hörst
deiner verworfenen Menschen,
dass du hörst das Schreien
ihres vergossenen Blutes.«

Ich ersticke in meinen Fragen, heule um Antwort,
sehe die Welt – da verändert sich nichts.

Überall feiern die Schlächter ihre Feste
und singen: »Gott-Ich-werde, dich gibt es nicht.«

Trag mich weg von der Schwelle,
den Pforten des Todes,

komm meinem Unglauben zu Hilfe.

Lass es nicht bleiben, so wie es ist:
dass Millionen Tote nicht zählen.

Bring zur Vernunft, Gott-Ich-werde,
die Machthaber dieser Welt:

dass ein nichtiger Mensch über alles geht,
ein Menschlein nur.

10

Sieh diese Erde.

Wo bist du?
Schaust du nur aus der Ferne zu,
in Sicherheit, weit weg? Selbst ängstlich,
dass du dich so versteckst
in diesen Zeiten von Unheil und Angst?

Großer Name, »Ich-werde«,
große Erzählung – was solltest du?
Was hat ein Armer
noch zu erwarten von dir?

Schuft und Schänder jagen ihn auf,
fangen ihn, schlagen ihn nieder, treten nach:
»Gott gibt es nicht.«

Name, steh auf, bestehe.
Weißt du wohl, was es heißt,
arm, getreten zu sein,
Kind ohne Mutter, Vater?

Komm mit Händen.

Schuft und Schänder, brich sie.
Dass sie es nicht mehr wagen.

Unscheinbaren Menschen
gehört sie,
diese Erde.

11

Vögelchen, flieh in die Berge.
Es gibt keinen Unterschlupf mehr.

Jedermann wird auf dich schießen,
jedermann schießt auf alles.

Die Fundamente der Erde
stürzen dem Abgrund zu.

Was kann ein Mensch noch machen?
Gott, der Eine, Ich-werde,

beugt sich über die Zinnen
seiner himmlischen Türme,

über die Erde blickend
ruft Er: »Adam, wo bist du?«

Er sieht zwei Söhne einander
mit Feuer und Schwefel bekämpfen.

Er sieht auch zwei, drei, sieben
einander aufhelfen und tragen.

Hundert bauen ihre Häuser wieder auf,
tausend pflanzen Zedern und Eichen.

Gott, der Eine, Ich-werde,
lässt sein Angesicht über uns leuchten.

Vögelchen aus den Bergen,
such deinen Unterschlupf hier.

12

Unbestechliche Worte, wo seid ihr?
Verlässliche Freunde, erlegen
einem Sperrfeuer von Zungen?
Beständig ist niemand, beständig
ist nur die steinharte Lüge.

Er wird sie, die Götter der Erde,
die schielen, die schönreden, morden,
schlagen mit Stummheit die Armen,
die denken »mein Wort ist das letzte«.
Ihre Zungen ausreißen wird Er.

Er sagt: Ich trag es nicht länger,
das Wimmern von wehrlosen Kindern.
Ich weiß, was Recht ist, menschenwürdig.
Ich kenne den Abgrund der Herzen.
Ich komme, mit Feuer aus dem Himmel.

Sein Wort ist kein Wort wie von Menschen.
Es ist erkämpft, geläutert
in Verzweiflung und Zuschauenmüssen,
in Dulden, Hoffen, Vergeben.
Es wirkt. Es weicht vor keiner Welt.

Für uns, die untröstlich, wie lang noch,
nicht wissen, nicht sehen, doch glauben,
dass einst deine Wahrheit ans Licht kommt,
für uns ward dein Schriftwort geschrieben,
eine Handschrift aus Licht hoch am Himmel.

13

Wie lang noch mich vergessen, mich –
wegschauen, weg von mir?

Wie lang noch muss ich mir
keinen Rat wissen in meiner Seele?

Angst, Angst vor dem Todfeind,
der Tod heißt, Leere, Nichts.

Er droht mir, holt mich ein,
schlägt zu, verhöhnt deinen Namen:

»Ich-werde-da-sein«? Der? Nein,
ich werde ihn kriegen, endlich.

Denn noch klammere ich mich fest
an dir, ob du willst oder nicht.

Ich-werde, rette mich, rette mich rufen
oder so was wie hab mich lieb.

14

Der Tor spricht in seinem Herzen:
Es gibt keinen Gott.

Nichtse, Hohlköpfe, Götzen
sind es, lebende Tote,
die sagen:
Dein Gott ist kein Gott,
sinnlos, schwächlich, ungelenk
ist sein Gebot.
Verblendete sind es,
die sagen:
Es gibt kein letztes Gericht,
keinen ersten Namen –
und wie gesagt, so getan:

Sie reißen den Weg auf,
verwüsten das Land,
niemand, der Rat weiß,
niemand, der Recht tut,
niemand.

Sie saugen die Luft aus,
sie graben die silbernen Brunnen
auf fremder Erde Grund,
Drachenzähne, Angstträume
säen sie aus,
sie stoßen den Armen
das Wort aus dem Mund.

In seiner Verborgenheit
fern hinter dem Licht
hält Er die Augen
hoffnungsvoll gerichtet
auf die Kinder der Menschen.
Er sucht,
ob da noch einer ist, ganz gleich,
in welchem Winkel,
der es besser weiß, der neu beginnt,
ein Kind, das wagt,
das seine Wurzeln
ausstreckt nach der Quelle.
Aber alle sind verwelkt, verstummt,
und kein Beginn hält stand.

Haben sie noch nie von mir gehört,
sagt Er,
die Anstifter des Todes,
die meine Menschen verkaufen
und fressen als Brot,
die leugnen, dass Ich bin, der ich bin,
beim Namen kenne
den Geringsten der Armen,
dass dies mein Name ist:
Gott der Entrechteten,
dass sie vielleicht stark dastehn, doch
meine Treue, meine Zukunft
währen am längsten –
wüssten sie das, sie würden sterben
vor Angst.

Jetzt noch sind sie mächtig,
den Armen zu verhöhnen,
zuschanden zu machen
seinen Traum eines eigenen Landes,
ihn so zu knechten, dass er verzweifelt
an dieser Vision –

Ich, sagt Er,
ich werd' ihm Recht tun.

Wird unsre Rettung je anbrechen,
die Stadt des Friedens?
Wird Er das Schicksal
uns zum Guten wenden, der gesagt hat:
Ich bin dein Gott,
deine Zukunft ist mein Name?

Kann je ein ganzes Volk
aus dem Tode aufstehn?

15

Wer darf
zu Gast sein in deinen Zelten,
wohnen selbst
in deinem Haus hoch in den Bergen,
weite Sicht?

Tu Recht,
sprich Wahrheit, läster nicht,
hast du gesagt,
bleib treu,
verleugne nicht deinen Nächsten,
der ein Mensch ist, so wie du.

Tu das Gute,
verleihe großzügig dein Geld, sagst du.
Nimm keine Zinsen –
nimm nie ein Schmiergeld an.

Tu das Gute, wanke nicht,
sagt Er,
sei stark und wanke nicht.

Gesegnet um dein Wort,
gesegnet sei dein Name,
Ich-werde-da-sein-für-dich.

Und wanke nicht.

16

— 1. —

Hörst du mich?
Für mich kein anderer als du.
Bei dir allein bin ich sicher.

Gottheit hatte mich in ihrer Macht.
Opfer forderte sie, Blut. Ich habe sie gebracht.
Ihre großen Namen wehten vorbei,
der deine nicht, er ist hier, auf meinen Lippen.
Hörst du mich?
Für mich kein anderer als du.
Bei dir allein bin ich sicher.

Einige, die ich noch kenne,
alles bist du mir, Erbteil und Becher,
liebliche Orte fielen mir zu.
Mein Herz steigt in mir,
mein Geist wird weit:
Du verkaufst mich nicht, um keinen Preis,
keinem anderen.

Hörst du mich?
Für mich kein anderer als du.

Bei dir allein bin ich sicher.

— 2. —

Gelesen hab ich, was geschrieben steht,
mir anvertraut an unbewiesenen Worten:
Du überlässt die Seele nicht dem Totenreich,

lass deinen Geliebten den Verfall nicht sehen –
Wege zum Leben ließ Er mich erkennen,
nicht für den Abgrund hast du uns gemacht.

Geschrieben steht dein Name: »Ich-werde-sein«.

17

Hör meine bittere Wahrheit:
Nie hab ich gelogen.
Schätz mich ein: Bin ich ein Lügner?
Prüf mein Herz und prüf meine Nieren,
durchsuch meine Nächte,
halte mich gegen das Licht,
läutere mich im Feuer –
bin ich ein Erfinder von schlauen Intrigen,
ein Heuchler?
Bin ich dämmrige Wege gegangen,
hab ich mit den Worten geschummelt –
ich denke nicht.

Dich ruf ich – wen sonst? Du weißt.

Beschirm mich wie den Apfel deines Auges.
Verbirg mich in dem Schatten deiner Flügel.

Da kommen sie heran,
meine Feinde höchstpersönlich:
Mit ihrem Hohngelächter, verfetteten Herzen
und dummdreisten Köpfen
drängen sie an mich heran, gerade auf mich zu.

Löwen gieren nach Blut,
Löwenwelpen im Dickicht verborgen.
Bereit, um zu springen.

Und jetzt du, tauch auf,

tu was mit dem Schwert,
zwing sie auf die Knie, dass ich fortkomm.

Sie werden gedeihen, sie wohl,
in ihren reichen Vierteln,
mit ihren gefüllten Bäuchen,
ihren leeren, gesättigten Kindern
und übergewichtigen Nachkommen.

Aber ich werde, reine Wahrheit,
deine Gestalt anschauen,

wach werden in den Morgen,
dein Gesicht sehn, mich an dir laben
und glücklich sein.

18

Ihn hab ich lieb, meinen Fels, mein Entkommen,
die Felsenhöhle, wo ich mich verstecke, mein Schild,
mein Überfluss, meine hohe Festung.
Er ist mein Gott, ich rief: »Gesegnet du«,
und weg war der Feind.

Schlingen des Todes umschnürten mich,
Todesgewässer fielen auf mich herab,
Höllenhunde blafften mich an,
Würgeengel würgten mich.

In solchen Angstträumen gefangen,
schrie ich: »Gott, steh mir bei.«
In seinem Thronsaal standen
meine Schreie vor seinem Angesicht,
Er sah und hörte.

Da wankte und bebte die Erde,
die Grundfesten der Berge.
Er loderte, Rauch aus den Nüstern,
Feuer aus seinem Mund, glühende Lava.
Er bog das Gewölbe des Himmels
und stieg herab,
schwarze Wolken unter den Füßen.

Er stieg auf den Vogel Cherub,
flog auf Flügeln von Atem,
verbarg sich in finsterem Abgrund
unter den aufschlagenden Wassern,

unter schweren Wolkengebirgen –
dann durchleuchtet seine Glut die Lüfte,
Hagelböen und glühende Steine.

Lass es donnern, fang an zu schreien,
Hagelböen und glühende Steine …
schieß deine Pfeile nur überall hin,
schleudere deine Blitzstrahlen …
das Unterste komme nach oben,
die Tiefen der Ozeane,
das Urgestein der Erde,
kehr diese Welt um!
Schauder erregend dein Wüten,
Atemstöße gegen den Tod.

Er streckte sich aus seiner Höhe,
Er streckte sich aus nach mir,
zog mich hoch aus dem wirbelnden Wasser,
zog mich los aus den Klauen des Feindes.

Als es keine Rettung mehr gab,
ist Er gekommen.

Hingeführt zu gutem weitem Land,
hinausgeführt hat Er mich.

Ich bin seine Wege gegangen,
ich folgte seinen Worten,
zu Ihm will ich ganz gehören,

wenn mein Herz nur nicht wankt.

Freunden schenkt Er seine Freundschaft.
Wer reinen Herzens ist,
dem begegnet auch Er so,
doch vom Wendehals kehrt Er sich ab.
Gehen wir gebeugt, Er richtet uns auf,
eitle Augen schaut Er nicht an.

*

Du entzündest das Licht meiner Lampe,
du machst aus Finsternis Licht.
Mit dir erstürm ich Wälle,
mit dir spring ich über die Mauer.

Du – Gottheit, dein Weg ist vollkommen,
du sprichst lautere Worte.
Keiner ist Gott, du allein,
du allein unser Felsen.

Ein Gott, der mich kleidet in Kraft,
mich schickt, seine Hand auf meiner Schulter,
auf Hirschfüßen lässt er mich gehen
und stehen auf hohen Bergen.

Der stark macht meine Hand, um zu kämpfen,
spannt meinen Arm wie einen bronzenen Bogen,
der mich lehrt tragen den Schild der Freiheit.

Deine Rechte gibt mir einen Stoß,
deine Lippen sprechen mir Mut zu.
Mit großen Schritten geh ich
und verdreh mir die Knöchel nicht.

Ich jage den Feind auf, hol ihn ein,
schlag ihn – er steht nicht mehr auf,
liegt hingestreckt, mir zu Füßen.

Du lebst. Gesegnet, mein Fels,
hoch bist du, Gott der Befreiung,

der mich aus meiner Erniedrigung rief –
und jetzt, meine Erniedriger, wo?

Ich werde ein Weltlied singen für dich,
eine Komposition, deinem Namen zur Ehre.

Verlässlicher Lebendiger,

mach uns zu deiner Gemeinde,
zu deinem Dienstknecht-Messias
in dieser Welt –
zeig uns deine Freundschaft

und allen, die nach uns kommen,

bis in die kommende Welt.

19

Hoch am Himmel
steht deine Herrlichkeit geschrieben,
deine Wichtigkeit, die Klarheit deines Namens.

Wie eine Buchrolle ausgespannt,
erzählt das Firmament
die Taten deiner Hände.

Die Tage strömen ineinander
und sprechen von dir;
Nächte flüstern, was sie wissen,
einander zu, über dich.

Doch nicht so wie Menschen sprechen.
Kein Stimmenklang, keine Sprache,
Schweigen ist es, sprachlose Stille,
bis an die Ränder der Erde
Widerhall der Stille.

Wer ist diese,
die genannt wird Sonne?
Der du dort oben ein Zelt aufgespannt,
einen Hochzeitsbaldachin;
der wie ein Bräutigam erscheint,
geht aus, jauchzender Held,
sich bahnt einen Weg,
sein Auszug eilt, seinen Lauf vollbringt
über die ganze Breite des Himmels,
Feuer zu Fuß,

nichts bleibt verborgen,
Gründe werden sichtbar,
alles flimmert in seiner Glut.

Deine Worte lauter, ein Aufatmen,
Ziel meiner Seele,
ich wusste nichts, du machst mich klug.

Du setzt das Recht
und sprichst mir Leben zu:
schön und wahr,
Licht gebend meinen Augen,
Herz verrückend
sind sie aufgeschrieben,
übereinstimmend,
und halten stand
unfehlbar.

Goldbarren
sind deine Worte,
Gold von Gold.

Purer Honig,
wie man ihn leckt aus den Waben,
süßer als süßester Honig
sind deine Worte.

Ich werde mich mühen,
sie zu bewahren,
ich dein Knecht,
bin ein Irrgeist –
behüte mich.

Hirtenwort,
mein Fels, mein Erlöser,
stimm meine Herzenstöne
auf dich ein.

20

Möge der Eine, Ich-werde,
Ich-werde-da-sein, kein anderer,
möge Er Antwort mir geben
an diesem Unheilstag.

Der Gott von Jakob, der Eine,
von Verwirrten und Verbannten
nimm mich bei der Hand –
möchte ich Jakob sein.

An dem Tag meines Unheils,
dass Er mich höre und sehe.
Dass Er mir Antwort gebe,
Balsam für meine Seele.

Möge Er mich greifen und nicht mehr
loslassen, nie mehr – du.
Möge Er mich festhalten, tragen,
nie mehr loslassen – du.

Andere haben Wagen und Pferde,
ich hab nur deinen Namen.
Sie knicken und fallen. Ich stehe.

Möge ich stehen und mich halten.

21

Gesang und Gegengesang

— 1. —

Gottes auserkorener König,
zugejubelt in Verzückung,
Gold geschmückt beim Schall der Trompeten,
überschüttet mit Segen,

du batest und Er hat gegeben
Leben und Länge von Tagen.

Er wird deine Feinde finden,
sie weg vom Erdboden fegen.
Er lässt sie Feueröfen bauen,
sie festbinden, Rücken an Rücken –
und dann die Peitsche darüber.
Seine Kinder wird er vernichten,
ausreißen die Frucht ihrer Saat.

König, vertrau diesem Gott,
nenn Ihn Ich-werde-Allerhöchster.
Lass sein Königreich kommen.
Sing in Psalmen Ihm zu,
dass nie mehr wankt seine Freundschaft.

— 2. —

Ich lese und lese dieses Lied.
War dies der Gott unserer Väter?
Mein Gott ist es nicht mehr.

Höre, mein Sohn, meine Tochter:
Sing das Liedchen nicht mehr,
bring es den Kindern nicht bei.

Und wenn es einen Gott gibt?

Wenn es einen Gott gibt,
ist es ein anderer.

Einer, der nicht kommt zu vertilgen,
der keine Feueröfen heizt,
doch seine Geliebten lebend
aus den Flammen befreit.

Nicht der Mächtigen
ist Er der Gott,
sondern der von Sklaven
und Opfern.

Zu meinem großen Glück
hab ich Ihn kennengelernt.
Er legte seine Hand auf mein Haupt.
Ich gehe mit Ihm, solang ich lebe.

Er weiß, wie weiter,
ich nicht.

Hört, meine Kinder, alle zu:
Ihm stell ich euch vor –
fröhliches Kennenlernen
an einem Tisch, ganz bescheiden.

Sing etwas für Ihn, Er schätzt
den leisen Ton, a cappella,
aber auch den überschwänglichen,
mit Schlagzeug.

Du hast den Tisch gedeckt.

Wo bleibt Er, fragst du,
Er sollte doch kommen?

Ja, Er wird kommen –
beginn schon zu singen.

Und kommt Er nicht,
wirst du nie wissen,
warum nicht.

Tröste dich,
Er hört dich von Ferne.

Er ist weit weg und ganz nah.

22

Gott, mein Gott, warum
hast du mich verlassen?

Zu dir schrei ich am Tag
und des Nachts, und werde nicht gestillt.

Heiliger, hoch Thronender, ruhmreicher,
du gibst nicht nach.

Mein Vater, meine Vorväter, Geschlechter lang,
sie sagten: »Ihm kannst du vertrauen,
Er ließ uns entkommen, der tut, was Er sagt« –
die waren deiner schamlos sicher.

Doch ich bin ein Wurm in der Erde –
mit ihren ledernen Stiefeln
zertrampeln sie mich und lachen sich tot:
Er hat doch einen Gott!

Ich wurde geboren
und in deine Hände gelegt.
Du bist »mein Gott« von Mutterschoß an.
Weißt du es noch? Ja, du weißt.

Stiere nehmen mich auf ihre Hörner,
ich bin vor die Löwen geworfen,
mein Herz hat nichts mehr zu hoffen,
meine Kehle ist in Scherben,
meine Zunge an den Gaumen geklebt.

Warum hast du mich verlassen,
Gott, mein Gott?

Gib mich zurück an meine Brüder,
an die Söhne Jakobs.

Gott von Jakob, von dir wird gesagt,
dass du die Erniedrigten siehst – was sagst du?
»Gestillt wird werden der Hunger der Armen«?
Daran halte ich mich.

»Wer im Staub liegt, wird Ihn anschauen« –
ich kann sie nicht denken, diese Worte,
doch halte sie fest.

»Ihre Kinder werden Kraft empfangen
ein Leben, Geschlechter lang«:
himmlische Zukunft, neue Erde,
Jahrhunderte auf Jahrhunderte.

Doch warum
hast du mich verlassen,
als die Erde krachte und bebte,
die Felsen zerbarsten,

als ich nach dir schrie,
warum hast du mich nicht getröstet?

Als ich da hing
und so hing
an meinen Pulsadern,

lebend gehäutet.

23 (Niederländisch)

Jij mijn herder? Niets zou mij ontbreken.

Breng mij naar bloeiende weiden
doe mij liggen aan vlietend water
dat mijn ziel op adem komt
dat ik de rechte sporen weer kan gaan
achter jou aan.

Jij mijn herder? Niets zal mij ontbreken.

Moet ik de afgrond in, de doodsvallei,
ik zal bang zijn – ben jij naast mij
ik zal niet doodgaan van angst.

Jij hebt de tafel al gedekt – mijn spotters
weten niet wat ze zien:
dat jij mijn voeten wast, ze zalft met balsem
mij inschenkt, drink maar, zeg je

niets zal mij ontbreken.

Laat het o blijven, dit geluk
deze genade, al mijn levensdagen.

Dat tot in lengte van jaren
ik wonen zal bij jou in huis.

Jij mijn herder, niets zal mij ontbreken.

23

Du mein Hirte? Nichts würde mir fehlen.

Führ mich zu blühenden Weiden,
lass mich lagern an strömendem Wasser,
dass meine Seele zu Atem kommt,
dass ich die rechten Pfade wieder gehen kann
dir nach.

Du mein Hirte? Nichts soll mir fehlen.

Muss ich in den Abgrund, die Todesschlucht,
dann packt mich Angst – bist du bei mir,
werde ich nicht sterben vor Angst.

Du hast den Tisch schon gedeckt – meine Spötter
wissen nicht, was sie sehen:
dass du meine Füße wäschst, sie salbst mit Balsam,
mir einschenkst, trink nur, sagst du.

Nichts wird mir fehlen.

Lass es so bleiben, dieses Glück,
diese Gnade, all meine Lebenstage.

Dass ich bis ans Ende meiner Jahre
wohnen werde in deinem Haus.

Du mein Hirte, nichts wird mir fehlen.

24

Von wem ist die Erde? Von Gott,
von Ich-werde-sein-der-Ich-bin
ist die Erde in vollem Umfang.

Von Ihm sind ihre Tiefen, ihre Zukunft.
Er hat sie gegründet auf Meeren,
an Strömen auf Dauer verankert.

Wer darf seine Höhe erklimmen,
wer steht mit erhobenem Haupt in seinem Hause?
Menschen mit redlichen Händen.

Menschen mit lauterem Herzen,
abseits von Schein und Lügen,
unbescholten, voller Licht.

Die tun das Gute, das getan werden muss –
von der Art, die fragt und kämpft um Ihn,
Ihn sehen will mit eigenen Augen.

Pforten, hebt eure Häupter empor.
Öffnet weit auf, ihr ewigen Tore:
Hier kommt der Ewige, der Leuchtende.

Wer ist der Ewige, der Leuchtende?
Es ist Er, der kämpft für Gerechtigkeit,
Er ist der Gott der Armen, der Starke.

Pforten, hebt eure Häupter empor,
hier kommt Er, der Gott der Armen,
der Starke, der Ewige, der Leuchtende.

Wer Er, der Starke, der Leuchtende?
Der uns schuf und der rief zur Gerechtigkeit,
unser Gott, der Ewige, der Leuchtende.

25

Zu dir, Lebendiger,
steigt meine Seele.

Dir vertraue ich:
dass du bist.

Dich verlange ich
einst zu sehen.

Durch die Nacht hin
sehen deine Augen

mich.

Von meinem Elend
wend dich nicht ab.

Mein Vertrauen,
beschäme es nicht.

Auf dich warte ich
lebenslang.

Jeden Tag neu
suchen meine Augen

dich.

Lass dich nun finden,
Liebe.

Wend dich nicht ab.

26

Sprich Recht, nach Wahrheit,
Gott-der-wird.
Ich bin unschuldig.

Prüfe meine Nieren, erprobe mein Herz:
Vor meinen Augen steht deine Freundschaft,
mit Lügnern hatte ich nichts zu tun.

Ich wasche meine Hände in Unschuld;
steck Kerzen an, entzünde Weihrauch,
singe den Lobgesang mit.

Denn dein Haus hab ich gern,
finde Licht dort, deine leuchtende Kraft,
dein Wort dort, strahlend.

Dort ist meine Seele, nicht bei Mördern
und Räuberbanden, nicht bei Lumpen –
ich bin unschuldig.

Wirklich? Oder nicht? Schuldig woran?
An Dingen, von denen ich nichts weiß …
durch Mittun … unbewusst?

Bring mich zu Einsicht,
befrei mich, weck mein Gewissen
aus dem Bann des Unbewussten.

Bring meine Füße kräftig in Gang –
sag geh, schieb mich sacht und herzhaft.

Hilf mir gehen.

27

Du, mein Licht und Befreiung,
was sollte ich mich noch fürchten, vor wem?
Du, meine feste Burg,
wen sollte ich fürchten?
Meine Bedränger sind auf dem Weg,
sie gieren nach mir,
mein Todfeind kommt heran –
mach dich nur auf, bestürme mich,
Tausende gegen einen,
ich stehe,
mein Herz hält es aus.

Dies eine hab ich dich gefragt:
dass ich leben darf mit dir.
Wenn du mein Licht bist,
fürchte ich keinen,
wenn du mein Fels bist,
stehe ich fest.

Dies eine habe ich dich gefragt:
dass ich gehör zu dir.
Wenn du mein Ort bist,
wohn ich sicher,
bei dir zu Haus
geht es mir gut.

Hörst du meine Stimme schon?
Ja, du, du hörst mich schon.

Ich hör dich auch, in meinem Herzen
hör ich die Antwort.
Such mein Angesicht, sagst du.

Verbirg dich dann nie mehr vor mir.
Was mein Vater tat: weggehen,
was meine Mutter tat: weggehen von mir,

tu das keinem Menschen an, du.

Und wenn ich doch nicht überzeugt wäre,
dass ich dein Licht und Befreiung sehen werde
noch in meinen Lebenstagen,
wie sollte ich weitergehen?

Ich warte ab,
mein Herz ist dir gewachsen.

28

Felsmassiv, unbegehbar,
hohes Steingebirge bist du.
Doch mit Ohren wie ein Mensch.

Dann stell dich nicht taub,
du so tief Schweigender, dass ich schon denke,
wir sind tot füreinander.

Hör meine Stimme, hör mein Flehen,
siehst du, wie ich meine Hände
erhebe zu deinem Herzen?

Räume sie aus dem Weg, die Schufte,
gib ihnen, was sie verdienen, doch mich
lass am Leben.

Sie verachten dein Wort
und das Tun deiner Hände,
lass sie verschwinden, auf immer.

Hörst du meine Stimme, Gesegneter,
meinen Gnadenschrei?
Das will und denkt mein Herz.

Du sichere Höhe und wir,
deine Dienstmagd-Gemeinde,

von dir behütet, geleitet
zu neuen Brunnen,
von dir getragen,
bis die neue Erde kommt,

bis dann.

29

Obergötter, beugt euch tief.
Beugt euch, tief, vor Ihm,
vor seinem Auftreten und seiner Energie,
Achtung gebietend,
vor seinem hochheiligen Namen –

nieder vor Ihm, in euren kostbarsten Gewändern.

Seine Stimme auf den Wogen der Meere,
Gottheit von Donner und Blitzen
über den Ozeanen.
Seine Stimme von kräftigem Atem,
seine Stimme so hell und klingend.
Seine Stimme, die Zedern spaltet,
die bricht und entwurzelt die Libanonzedern,
wie Kälber lässt Er sie springen,
die Libanonhügel.

Seine Stimme durchfährt das Leuchten der Blitze,
seine Stimme durchzittert die Steppe,
durchfährt die Steppe von Kadesch.
Seine Stimme durchschaudert die gebärende Hindin,
sprengt im Wald die Rinden der Stämme.

Aus seinen Gewölben klingt: Ehre sei dir.
Thronend, Er, über den Fluten –
thronend, du, in der kommenden Welt,
du allein König.

Die ganze Weltgemeinschaft wirst du präsidieren,
uns mit Geisteskraft erfüllen,
segne uns und führe uns zum Frieden, du.

30

Der Abend kommt mit Trübsal,
mit Freuden der neue Tag.

Hast mich emporgezogen
tief aus dem Abgrund, ich wurde
schon zu den Toten gerechnet.
War übermütig – glücklich,
mir passiert schon nichts, so dachte ich.
Wer kehrte sich ab von wem,
dass ich wankte und fiel?

Ich hab dich gerufen, dich angefleht:
Was hast du davon, wenn ich sterbe
und in ein Grab gelegt werde?
Haben Staub und Asche eine Stimme,
wird ein Toter dich singen?
Dann hast du meine Verzweiflungstränen
verwandelt in Lachtränen.

Ich ging in Trübsal, du hast mich
gekleidet in strahlendes Weiß.
Und nun sing ich dies Lied:
Danke, dass ich wieder lebe.
Und Schweigen werde ich nicht
über alles, was geschah.
Denn Schweigen kann ich nicht.

Der Abend kommt mit Trübsal,
mit Freuden der neue Tag.

31

Zu dir hin flüchte ich.

Dank dir bin ich entkommen
dem heimlich gespannten Netz.

Du wirst mich nicht erniedrigen, nie,
felsenfeste Rettung bist du.
Haus der Befreiung.

In deine Hände befehle ich meinen Geist.
Du hast mich freigekauft,
du wurdest meine Wahrheit.

Wahrsagerei und duftende Schwaden,
Sprüche in Trance gemurmelt
offenbaren mir nichts.

Geh ich in gutes weites Land,
werde ich deiner gewahr,
erfahre deine Freundschaft.

Zu dir hin flüchte ich.

Meine Seele ist am Ersticken –
ausgetrocknet sind meine Augen,
meine Gebeine gebrochen.

Ich bin ein Gespenst für die Nachbarn,
ich bin eine versteckte Leiche,
ich bin ein verlorener Weg.

*

Es wird über mich gemunkelt,
ein jeder schaut von mir weg.
Aber ich sage in meinem Herzen:

»Er allein, mein Gott,
was ich noch zu leben habe,
liegt in seiner Hand.«

Lass leuchten über mir dein Angesicht,
Freund Gott. Noch so viel Leben
hast du in mir angelegt.

In deinem Angesicht bin ich geborgen.
Deine Augen eine Laubhütte, in der ich mich erhole
von allen streitenden Zungen.

So verwirrt war ich, dass ich dachte,
ich bin abgeschnitten von seinen Augen.
Doch du hast mich gesehen und gesehen.

Sei stark, sagst du, wanke nicht.
Ich warte auf dich, sag ich –
nein, ich warte nicht länger:

Zu dir hin flüchte ich.

32

Glücklich ist ein Mensch,
dessen Frevel vergeben ist.
Glück für sie und ihn,
wenn Gott kein Böses mehr wägt.
Glück für alle, die zu bekennen wagen:
Ich habe es schlecht gemacht.

Solang ich Ihn nicht hören wollte,
die Stimme meines Gewissens,
wurde ich verzehrt von innen –
deine Hand wog schwer auf mir,
meine Kräfte schwanden dahin,
so wie ein Mensch dahinsiecht
unter der Sommerhitze.

Dann konnte ich nicht mehr
und dachte: Ich gehe zu Ihm
und bekenne, was ich getan,
bitte um Vergebung.

So lass jeden Menschen,
der auf deinen Namen vertraut,
demütig zu dir gehen.
Und bricht eine Sintflut los,
nichts wird dir widerfahren –
du hast doch auch meine Angst
beschworen – du bist selbst
die Arche meiner Rettung.

So spricht Ich-werde-da-sein:

»Ich werde dein Wegweiser sein,
meine Augen ruhen auf dir.
Sei doch nicht so dummköpfig
und störrisch wie ein Esel,
ein Pferd, das man mit Sporen
und Zügeln muss bezwingen –
es wird dir schlecht ergehen.«

Entflieh Ihm, und du findest
Gefangenschaft überall.
Also gib dich geschlagen,

so wird Er gnädig sein.
Er macht dein Leben neu.

33

Liebe beginnt mit Singen.
Sing dein Lied, meine Stimme.
Singen macht glücklich.

Noch nie hab ich dir so gesungen,
wie ich es mir vorgenommen hatte.
Lass es nun gelingen – deinen Traum will ich besingen.

Du bist ein Liebhaber der Menschen.
Du sprichst den Himmeln täglich zu,
dass sie morgen wieder da sind.

Du hältst die Fluten zwischen den Schleusen,
verschließt die Urflut zu in deinem Keller.
Du verlangst das Glück aller Erdenbewohner.

Und immer kommt dein Wort,
und es wird gut – du weichst nicht ab
von deinem Herzen.

Du Aufmerkender, der unser Angesicht sucht,
der größer ist als unser Herz –
du kennst mein Herz, du ergründest mich.

Allein das Auge des Lebenden
wird meinen Tod wenden, dass ich lebe.

Ich warte, bis ich heimkomme in Ihm.

34

Ein Lied, gesungen, als ich tat, als wäre ich verrückt,
und wurde weggejagt und konnte gehen.

Dann rief ich: Gesegnet Er,
der ist und war und kommen wird.
In meinem Mund sein Name,
in meiner Seele und Gebeinen –
und ihr, die auch gebückt geht,
hört diese Worte, lebt auf.

Ich habe Ihn gesucht und gefunden.
Er machte selbst auf – ich strahlte,
stammelte heftig, Er lauschte, lachte,
wir schämten uns nicht.
Als ob Er Legionen schickte vom Himmel,
die mich umringten,
so sicher fühlte es sich an.

Lauscht, was ich sage, ihr Menschen, ihr alle:
Wenn ihr gut wollt leben – wer nicht –,
volle Tage, so glücklich wie nur möglich:
Sprich dann behutsam,
sprich nicht ins Blaue hinein und lüge nicht,
vermeide heftigen Streit.
Denn dann verzerrt sich vor Wut sein Gesicht,
eine solche Welt will Er nicht mehr.

Die ihn rufen, denen schickt Er Antwort,
wo Er befreien kann, kommt Er, um zu befreien.

Gebrochene Herzen, zertrümmerte Rippen,
all die Katastrophen, die über dich kommen,
nur so … wacht Er noch über uns?

Er wacht über all deine Gebeine.
Er überlässt deine Seele nicht dem Nichts.

Das Böse tötet den Täter selbst.
Das Gute wird zum Baum

»und die Vögel des Himmels
schlagen ihr Zelt auf in seinen Spitzen«.

35

Hier steh ich, angeklagt. Im Stockdunkel
steh ich – wer sind meine Richter?
Wer wird mich verteidigen – du?

Pack ein Beil, greif eine Lanze,
schlage ihn tot, meinen Verfolger.
Sag meinem Atem: »Steh auf.«

Sie wollen mich zum Tod –
mein Feuer töten.

Lass sie wie Schnipsel wegwehen.
Dass dein Engel hinter ihnen herjagt.

Sie gruben ein Loch für mich,
lass sie da selbst hineinfallen.

Mein Gebein weiß: Du bist
der Kommende, du reißt die Armen
aus den Klauen der Räuber.

Die Gutes mit Bösem vergelten,
wollen meine Flammen rauben.
In meiner Angst bat ich mein Herz leer,

legte einen Sack an, fastete, trauerte
um meine Seele wie um meine liebste Gefährtin,
meinen Bruder, meine schwarze Schwester.

Sie rücken gegen mich an, wollen schlagen.
Ihre Münder zerreißen mich.
Ihre Zähne zermalmen mich in Stücke.

Du, Angesicht, Augen, wie lange noch?
Muss erst ein Löwe mich verschlingen,
bevor du aufwachst?

Hör, wie sie sich ins Fäustchen lachen:
Wir haben ihn, wir werden ihn, ha,
wir haben ihn schon verschlungen.

Sie, meine Richter. So ihre Rechtsprechung.
Wer wird mich verteidigen, du?

Ich werde deine Gerechtigkeit rühmen.

36

Der Schänder – Herz voller Hohn,
Mund übervoll von Großsprecherei:
»Ich, Furcht vor Gott?
Nie, keinen Augenblick!«

Er ergötzt sich an seinem Zynismus,
stiftet Verwirrung, lügt arglistig.
Doch die Stimme seines Gewissens
hat er umgebracht,
will nicht mehr hören, was gut ist,
brütet des Nachts, kümmert sich nicht
um Böses und Schlimmeres,
geht seinen gottlosen Gang.

Du mit deinem Namen,
deine Freundschaft reicht bis in den Himmel,
deine Treue bis zum Firmament,
deine Gerechtigkeit steht wie die Berge,
dein Gericht kommt näher als die Flut,
Mensch und Tier wirst du befreien,
unbezahlbar deine Freundschaft und Treue.

Deshalb suchen die Kinder der Menschen
ihre Zuflucht im Schatten deiner Flügel,
sie laben sich am Überfluss deines Hauses.
An den Strömen deines Paradieses
lässt du sie trinken.
Bei dir ist der Brunnen des Lebens,
und in deinem Licht sehen wir das Licht.

Bilde eine Gemeinde aus Freundschaft,
die das Verlangen nährt
nach deiner zukünftigen Welt.

Werde ich treu bleiben, ich,
auch wenn die Füße der Tyrannen
über mich hergehen,
die Fäuste der Schänder mich lahmschlagen?

Plötzlich sind sie dahin, die Schufte:
Eine Hand hat sie hingestreckt, in den Staub,
und Aufstehen geht nicht mehr,

gottlob.

37

Stille vor Ihm.
Erwarte Ihn, Er wird kommen.

Sei nicht eifersüchtig auf die Bösen,
die Lumpen, beneide sie doch nicht.
Wie Grasbüschel verdorren sie.
Vertrau Ihm, diesem Gott-Ich-werde-sein.
Und tu, was noch heute zu tun ist:
Rette jene, die sich nicht wehren können.

Sei glücklich mit Ihm,
Er wird dein Herz erfüllen.
Du gehst wie ein Speer aus Licht,
du stehst wie die Mittagssonne.
In den Abgrund stürzen die Schänder,
Unbescholtene erben die Erde.

Stille vor Ihm.
Erwarte Ihn, Er wird kommen.

Gottesleugner, was belagert ihr mich
mit euren bissigen Zähnen.
Er streckt ihn zu Boden, doch seine Geliebten
trägt Er auf zarten Händen.
Er kennt ihre Tage, ihr Grübeln –
sie überleben das Schlimmste.

Lass sie doch, die Schufte und Schänder:
jetzt noch mächtige Brände,

morgen Feuer, das man austritt.
Aber wer seine Worte betrachtet,
wird wie die aufgehende Sonne.

Stille vor Ihm.
Erwarte Ihn, Er wird kommen.

Tu Gutes, dann hast du einen Weg.
Die solidarisch sind, barmherzig,
werden die Erde erneuern.
Eine Zeder sah ich von Ferne –
als ich vorbeikam, lag sie gefällt.
So geht es. Vertrau dem Einen.

Stille vor Ihm.
Erwarte Ihn, Er wird kommen.

38

Sagen, dass ich dich nie gekannt habe,
nichts mit dir habe, niemals gehabt:
Dich verleugnen, das tat ich.
Schlag mich, du darfst mich schlagen,
schäumend vor Wut,
mit flacher Hand, mit Fäusten,
stecke ein Messer in meinen Kopf –

aber solche Dinge tust du nicht.

Du sahst mich an
von weit weg, von ganz nah,
und seit diesem Augenblick
wanke und falle ich,
wirr wie ein Verrückter,
eitere, stinke, krieche,
fresse Staub;
brennt mein Bauch, vereisen meine Lungen,
brüllt mein Herz wie ein Affe.

Offen liege ich wie eine Wunde,
wer bin ich noch?
Leuchten meine Augen noch?
Sind es meine Augen noch?
Du schweigst, als ob es dich nicht gäbe.

Sag etwas gegen mich. Du allein
kannst die Todesstille zwischen uns
durchbrechen.

Dich habe ich verleugnet.
Du, verleugne mich nicht.

39

Ich sagte mir: Überwache deine Worte,
deine scharfe Zunge, deinen großen Mund.
Lass dich nicht gehen, unbedacht,
leg mal einen Maulkorb an.

Leute genug, die dich festnageln
auf Gott und eine bessere Welt,
auf feurige Worte und Wünsche,
halt dich lieber bedeckt.

Und so geschah es. So schwieg ich,
wie mit Stummheit geschlagen.
Doch auch kein tröstendes Wort mehr,
nichts Befreiendes in meiner Brust.

Eine leere Luftröhre, ein Brand
in meinen Därmen – ich kann nicht,
will nicht schweigen, warum auch?
Ich ruf ihn an, der mein Gott ist.

»Sag mir, warum existiere ich?
Wie viele Nächte und Tage noch
darf ich leben in Freude –
ein Mensch ist ein Atem, nicht mehr –

ein kurzfristiger Schatten,
flüchtige Süchte, vorbei.
Du säst, und ein anderer erntet,
du baust, und ein anderer bricht ab.

Was habe ich noch zu hoffen?
Rechne mir doch nicht an,
was ich nicht gut getan hab,

ein Mensch ist ein Atem, nicht mehr.

Lass mir das Singen, deinem Gastknecht,
ein Fremder so wie meine Väter.
Und lass mich noch einmal aufflammen,
bevor ich in die Nacht eingehe.«

40

Ich hoffte, dass Ich-werde kommen würde.
Und da war Er
und beugte sich über mich
und hörte mich.

Und da ist Er und beugt sich
über mich und hört
mich rufen, zieht mich heraus
aus einem Abgrund von Schlamm.

Meine Füße stehen auf einem Felsen,
ich wanke nicht.
In meinem Mund ein Lied,
noch nie gesungen.

Ich singe es und weiß mich sicher.
Glücklich alle, die sich sicher fühlen
in der Großen Erzählung deiner Tora –
von Quälgeistern unbedrängt.

Was du uns Gutes getan hast,
mit nichts ist es zu vergleichen.
Und was du noch vorhast: undenkbar,
für Worte zu viel.

Nach allem, was ich erlebt habe mit dir,
erkenne ich, was geschrieben steht:

»Um alle Gerechtigkeit zu vollbringen,

bin ich gekommen,
um deiner Tora zu leben
mit ganzem Herzen und Verstand.«

Und weiter habe ich nichts zu melden.

Mein Gaumen ist ausgetrocknet,
meine Lippen sind gerissen,
mein Mund ist nicht mein Mund.

Ich habe gesagt, was ich sagen musste.
Nichtig bin ich und voller Scham,
nicht imstande, dein Wort zu sprechen,
deine Tora zu vollbringen.
Mein Herz bricht,
mein Verstand verzweifelt –
keine Rettung in Sicht.

Es sei denn, mein Gott-Ich-werde
beeilt sich zu kommen.

Keine Antwort habe ich
für die, die mich verhöhnen
und versuchen, meine Seele zu vernichten.
Wer mich zerstören will,
der zerstört mich.

Oder kennst du noch einen Ausweg?
Gott-Ich-werde?

Mein Gott.

41

Vor mir stand eine Arme in Lumpen,
ausgezehrt. Sie bat um Geld,
dass sie für eine Nacht …
Ich gab genug für zwei.

Und dann
wurde ich überall gepriesen
ob meiner Wohltätigkeit:
»Der Herr hat es gesehen
mit Wohlgefallen« und:
»Wer einen Menschen rettet, rettet die ganze Welt.«

Die Wahrheit ist,
dass ich mich schäme und mich schuldig fühle
zu leben in einer Welt,
in so viel prahlendem Reichtum
und bitterem Elend.

Ich sprach darüber mit Freunden und Bekannten.
Was mich bedrückt, fragten sie.
So ist die Welt, gewöhne dich daran.
Und wer arm ist, der hat doch Hände.
Und so eine Frau, die kann doch –
es wird heftig darüber gelacht.

Und selbst mein Sohn, der mein Brot isst,
meine Gedanken teilt, lacht mit.

Wie weiter? »Herr«, den ich nenne
mein Gott-Ich-werde-da-sein,
wie weiter mit dieser Welt?

Wird dein Wort der Gerechtigkeit
und Gnade
sich einprägen in unser Gewissen

und eine Wendung bringen
in unseren Gedankenstrom

und uns still werden lassen
und wach?

42

— 1. —

So wie ein Hirsch schmachtet nach lebendem Wasser,
dürste ich nach Gott, dem lebenden Gott.

Ich bin tief betrübt, ich denke an dich –
all deine Fluten umbranden mich,
Wogen schlagen über mir zusammen.

Lebender Gott, mein Fels, hast du mich vergessen?
Warum muss ich in Trauer gehen,
gequält und erniedrigt?

Ich bin mutlos, aufsässig,
ich werde auf dich warten.

Du bist mir Rettung,
du bist mein Gott.

— 2. —

Ich werde meinen Mund nicht halten
dir gegenüber.
Unruhig, traurig, aufsässig
ist meine Seele in mir.

Wer bist du, dass ich dich so wichtig finde,
dass ich mich an dir prüfe?

»Wende doch endlich
deine Blicke von ihm ab!«

Doch dann habe ich keine Antwort.

Niemals habe ich nichts mit dir.

Warten, wider besseres Wissen,
ob ich dich erfunden habe –
Leben mit einem nie gesehenen,
schweigenden Geliebten.

Warum sollte ich
dich nicht aufgeben?

Doch ich kann nicht anders
als rufen: Hab mich lieb.

— 3. —

So wie ein Hirsch
schmachtet nach Wasserströmen,
so eilte ich dir entgegen

an jenen Feiertagen,

stand auf den Altarstufen,
sang mit heller Stimme das Lied,

dein Kind.

Nun rings um mich her eisiges Schweigen,
das Gespött:
Er, der deine Jugend erfreute,
wo ist er geblieben?
Auf Reisen, verärgert, tot?

Als wäre der Horizont ausgewischt,
die Erde losgeschlagen von ihrer Sonne.

Doch dann steigt plötzlich
eine Stimme
in mir empor,
über mich hinaus,
ich weiß nicht von woher:

Du bist mein Gott.

43

Bist du Gott, dann tu mir Recht.
Ja, das Lügen regiert weit und breit:
Hochstapler sind an der Macht.

Du warst mein Gott, meine Barke und Burg.
Darf ich nicht mehr hinein?

Darum bin ich so heruntergekommen,
gequält und erniedrigt.

Schicke zu mir
Licht gebende Füße,
dass sie mir vorangehen
dorthin, wo du bist.

Dass meine Seele sich nicht verkriecht.

Dass du
mein Angesicht befreist.

Mich wägst und sagst ja.

44

Grauenhaft die Zeit, in der wir leben,
die Tage unserer Jahre,
und du schweigst so tief in allen Sprachen,
dass wir denken: Ihn gibt es nicht.

Ich war ein Kind und es war Krieg, wohin man schaute.
Doch ich war unbesorgt, sicher geborgen
in der Großen Erzählung
»dass du lässt leuchten über uns dein Angesicht«,
Gott meines Vaters.

Am Tag, an dem die Befreiung kam
aus den Klauen des Schakals,
war dies dein Tag und es wurde gesungen:
»Gottes Feinde vergangen.«

Aber nun, wo bist du?

Deine ärmsten Menschen verkauft als Sklaven,
eure Töchter als Sklavinnen vergewaltigt,
ihre Kinder Kindersoldaten.

So kriegt der Spötter doch noch Recht
und geht das Sprichwort in Erfüllung:

»Gott ist tot.«

Was haben sie dir Schlimmes angetan,
dass du sie dem Schicksal überlässt?

Noch bevor sie von dir hörten,
haben sie auf dich gehofft,

und als deine Stimme in ihren Ohren klang,
erkannten sie sie und sangen:
»Endlich ein Befreier,
ein Gott mit Verstand und Recht.«

Aber du überlässt ihn
deinen Verleugnern.

Weil sie dich nicht verleugnen,
werden sie umgebracht,
abgeschlachtet wie Schafe,
alle Stunden des Tages.

Noch klammern sie sich fest an dich
und beharren:

dass kein Hunger, keine Gewalt,
keine Angst oder Nacktheit,
kein Regime,
kein Firmament, kein Abgrund,
nichts und niemand
sie scheiden kann von deiner Treue.

Was ist deine Antwort?

45

Mein Herz ist in Aufruhr,
meine Stimme ruft – und wird still,
meine Feder kann die Worte nicht mitschreiben,
die aufsteigen in meinem Kopf.

Ich sing dem König ein Lied:
für einen, den Gott gesegnet hat,
dem Schönsten unter den Menschen,
Honig fließt von seinen Lippen,

er trägt sein Schwert wie ein Held,
er steht für Recht und Erbarmen,
stark und sanftmütig, er bahnt
Unterdrückten den Weg in die Freiheit.

Von Königstöchtern umgeben
in straff gefalteten Gewändern,
und eine ist auserwählt,
Mädchen in Goldbrokat,

umgeben und beneidet von Freundinnen,
legt sie ihre Hand in die seine,
in den Thronsaal schreitend
zu dem ihr bestimmten Messias.

*

Wie anders die Zeiten, derselbe
Anruf, Auftrag und Segen.

War er der bestimmte Messias –
du bist sein jüngerer Bruder.

Heut ist dein Tag, deine Stunde,
Tag der Jugend, des Verlangens.
Heute ist auch der Tag des Nichtwissens:
Heute ist komme, was kommt.

Du wirst auf deinen Platz geführt
in die Reihen der Knechte.
Was denkst du wohl, wer du bist?

Dieser zufällige Eine
bist du, dieser Gerufene,
der soll tun, was er kann.

In einer verlorenen Welt
in einer Welt-zu-gewinnen,

fremd zwischen Fremdlingen,
obdachlos unter Verschleppten,

ausgestattet mit einem Wort,
das den Mächtigen Widerstand bieten wird.

*

Mögen es Hände sein,
die dich tragen und streicheln.

Gesegnet du, dass du ja sagst,
hier jetzt – komme, was kommt.

Möge der Geist deines Gottes
das Antlitz der Erde erneuern.

46

Gott unsere Zuflucht und Kraft.

Die Erde verändert sich. Er nicht.
Berge stürzen ins Meer,
Meere rasen und toben.

Doch Er ist eine feste Burg,
eine Stadt auf Felsen gegründet,
in Gärten angelegt –
glitzernde Ströme durchfluten Ihn
quer durch seine Mitte.

Gott unsere Zuflucht und Kraft.

Er wird etwas tun.
Er ist als Morgenlicht
mit einem großen Vorhaben auf den Weg gegangen:

Ende Krieg.

Er hat dem Sturmwind befohlen,
alles Waffenzeug zusammenzufegen
von überall auf der Erde –
gigantische Müllkippen.

Dann facht Er den Brand an:
Freudenfeuer, wild lodert es auf,
tief löscht es aus.

Ende Krieg.

Gott unsere Zuflucht und Kraft.

47

Alles Verbundene und alle beseelten Verbände,
Länder, Städte, Dörfer, Weiler,
Verwandte, Familien
und auch du, tapferer Einzelgänger,

klatsch in die Hände,
denn bald ist es soweit,

dass das Allerhöchste mysteriöse allwissende Wesen,
in allen Sprachen Gott genannt
und König, Richter, Mutter, Vater
und selbst »Etwas«,
vor unseren geistigen Augen erscheinen wird.

Dieser Eine, Erste und Letzte, unbekannte Bekannte,
der für alle Völker unter der Sonne
die ganze Erde bestimmt hat
mit all ihren Brunnen.

Er wird kommen – heiß ihn willkommen
mit großen Konzerten und Singen.
Verfass ein Grundgesetz für seine neue Erde,
und schreibt die Menschenrechte neu.
Er wird alle Weltenlenker und »große Köpfe«
versammeln in seinem Lehrhaus.
Er wird uns den Anfang auslegen
und die Route des Abraham.

Lass leuchten über uns dein Angesicht,
du, Kommender –, so sollst du heißen
bis zum Ende der Zeiten.

48

Gott-Ich-werde, der Kommende,
wohnt in einer Stadt –
prächtig aufragend, auf einem Felsen
auf schwerem Gebirge gebaut,
glänzende Stadt voll schlanker Paläste
– so wohnen Könige –,
eine feste Burg ist dieser Gott.

Die Könige der Erde
hatten einen Plan: Wir werden …
wir werden diese Stadt, diesen Gott!
Als sie die Stadt aber sahen, erschüttert,
stürzten sie da, wo sie standen,
durch Herzinfarkte gefällt;
wie Schiffe vom Sturmwind zerschellt.

Auch wir, als wir sie sehen durften,
wussten nicht, was wir sahen:
Stadt mit blühenden Fundamenten,
mit umarmenden Mauern,

da läuft ein Kind gefahrlos.

Wandele fröhlich verliebt
in dieser Stadt ohne Tod,

die herabkommt aus den Wolken
alle Sonntage wieder.

49

Hört, ihr Völker,
alle Erdenbewohner,
einfacher Mann, erlauchte Dame,
Arme und Reiche, hört.
Ich weiß sehr gut, was ich sage,
ich höre auf mein Herz.

Hört doch, Töchter und Söhne der Eva,
mein Toralied, meine mystische Gitarre.
Böse Tage kommen heran,
kleine und große Betrüger nützen ihre Chancen aus,
Luxusleute verschanzen sich in ihren Klausen,
selbstsicher sitzen sie auf ihrem Silber und Gold.

Kann jemand von uns Gott zurückbezahlen,
was wir von Ihm empfangen:
Lebensatem, Augenlicht?
Niemand – unbezahlbar ist diese Gabe,
dass wir noch leben und verlangen,
badend in Lebenslicht.

Ewiges Leben ist nicht zu kaufen.
Arme und Reiche sterben,
dumm oder klug – was lassen sie zurück?
Namenlos vergehen ihre Ländereien.
In Reichtum kann man nicht ewig wohnen,
du stirbst wie ein Tier.

Du bist ein Schaf, du irrst dem Abgrund zu,
der Tod ist dein Hirte,
Moraste werden dein Grab.
Oder erwartet uns ein anderes Los?
Wird einer mich
aus dem Abgrund befreien?

Vielleicht nur einen Augenblick
wirst du als bekannte Person gepriesen
und erntet dein Name Applaus.
Doch bist du so alt wie dein uralter Vater,
dann gibt es nur noch
einen feuchten Keller für dich.

Hohe Menschen, reich, begütert,
die doch von nichts wissen,
gehen den Weg des Tieres.

Danket einander
für Augenlicht und Lebensatem
und am meisten euren Geliebten.

50

Gott,
der Seiende über allen Göttern,
der Eine mit Namen
»Ich-werde-sein-der-Ich-bin,
Ich schicke dich, schaffe Befreiung«.

der Unsichtbare erhebt seine Stimme
und ruft, Tag und Nacht, die Erde
vom Sonnenaufgang an.

In Sonnenlichtstadt Zion,
Krone der Kronen,
schön über allen Schönen,
ist Er erschienen im Lichtglanz.

Und nun erscheint Er aufs Neue,
stürmendes auflodderndes Feuer,
rufend Erde und Himmel,
rufend Gnade und Recht:

»Opfern könnt ihr gut:
Rinder und Ziegenböcke
aus euren Ställen und Kojen.
Doch ich will sie nicht mehr.

Von mir sind die Tiere des Feldes,
die Vögel der Lüfte,
und sollt ich hungrig werden,
der Urwald ist mein Garten.

Brandopfer brauche ich nicht,
sondern dass du tust, was recht ist:
Mach diese Erde sicher,
trage in deiner Seele mein Wort.«

*

»Mein Wort zu schwer für dich?

Du wirfst es achtlos weg.
Du lügst drauflos, verleugnest
deinen Bruder, den Sohn deiner Mutter.

Und nur denken: Gott?
Der schweigt. Doch ich schweige nicht länger:

Deine Untat wird dich zerreißen,
wenn du dich nicht bekehrst.«

51

Schrubb den Schmutz von mir ab,
meine Intrigen, mein schroffes
Beharren auf meinen Lügen,
poliere mich rein.
Ich hab wie ein Tier gelebt –
Tiere sind gut zu ihren Jungen,
doch ich hab ihnen eine elende Jugend verschafft,
verwirrt und unsicher.

Ich habe getan,
was vom Bösen zum Schlimmeren läuft.

Ich bin nicht in Sünde gezeugt,
faule Frucht aus dem Schoß meiner Mutter,
ich bin angefault von Verrottung.
Ich habe die kranken Orte aufgesucht
und mich anstecken lassen.
Es ist nicht abzuwaschen, es ist
unter meine Haut gegangen,
in meine Hirnschale gekrochen,
operiere mich.

Ich habe es achtlos getan,
mit Blick ins Blaue und brutalem Lächeln,
als ob es nicht das Böse wäre, das es war,
als ob es von zwei Übeln
das geringste wäre.

Kennst du in deiner ewigen Seele
den Zwiespalt – bist du
so tief hinabgestiegen und Mensch geworden,
dass du uns darin begreifst?

»Bei dir ist Vergebung«,
so steht es geschrieben.

Es gibt ferne Freunde,
manche ganz nah,
die mir mein schlechtes Vorbild
nicht nachtragen. Sie sehen mich
leiden durch eigene Schuld,
versuchen, es zu lindern.

Und meine Kinder.
Bei ihnen ist Vergebung.

Sei mir gnädig,
du, der Gnade ist.
Ich sehe den Weltenbrand,
den ich ausgelöst habe,

das Vollkommene,
das ich geschändet habe.

Wasch mich rein
und ich werde weißer werden
als Schnee.

Schenk mir ein neues Herz.

Send deinen Geist,
dass ich neu erschaffen werde.

Wenn das möglich wäre …

52

Verleumden,
Unrecht schönreden,
deine Zunge ein Messer.

Du lügst und betrügst,
verrätst, verleugnest,
beißt, verschlingst.

Es wird dich vernichten,
entwurzeln,
einsam machen.

Sie sollen dich
vergrößern bis zu
einem Dämon.

Nichts bleibt übrig
von dem Kind,
das du warst.

Doch ich steh in Blüte,
Olivenbaum in deinem Garten,
ich fühl mich freund und sicher,

mehr und mehr,

wird das dauern?

Ewig?

53

Der Schonungslose, niemand Erkennende,
sagt in seinem Herzen: Gott? Gott sagt mir nichts.
Schreckliches denken sie, Schreckliches tun sie,
keiner, der Recht tut, aber auch keiner.

Gott, mit seinen Augen, sucht vom Himmel die
Kinder des Adam; ob es noch einen gibt,
der mit seinem Herzen Ihn kennt, mit seinem Verstand
Ihn sucht.
Aber alle sind entgleist, keiner tut Recht.

Haben sie denn kein Herz mehr und keinen Verstand,
Unrechttuer, Menschenverschlinger,
dass sie nicht kennen wollen meinen Namen:
dass Ich der Gott bin der Entrechteten?

Du Rücksichtsloser, du, der zuschanden macht,
noch, die Hoffnung der Entrechteten, noch lebst du –
nichts bleibt übrig von dir, Gott wird deine
Gebeine zerstreuen, du hast nie gelebt.

Vom Berge Zion soll Rettung tagen,
Israels Segen – möge das wahr sein:
dass Er wird wenden das Los seines Volkes,
dass Jakob jauchzen wird, Israel lacht.

54

Gestern Nacht
kroch ich noch
Blut schwitzend
jetzt häng ich

dein Name lautet
dass du mich rettest
frei machst
Recht tust –
hör mich

hörst du mich?

Wer
waren sie
die mich packten
geißelten
durchbohrten?
Wer ist ihr Gott?

Da
endlich
bist du dann:
Du nimmst mich ab,
du wickelst mich
in leinene Tücher.

Da ist kein Schmerz mehr.
Danke dir.

Bist du Gott?

55

An festen Sitten und Zeiten hängend,
an Haus und Kamin,
bin ich ein Streuner geworden,
Aufgescheuchter, ein Verfolgter.

Eine Taube wollte ich sein,
auffliegen zu sicheren Orten.
Bin ein Hund geworden,
bin stürmender Wind.

Bin der Stadt entflohen,
weg von gespaltenen Zungen,
Sprachverwirrung, schmähen,
Gewalt der Worte, diese Stadt
von Drohung und Betrug, auf dem Markt,
in Gassen und Palästen.

Und wegen meines Einzigen bin ich geflüchtet,
der mich nicht verhöhnte und hasste,
der mein Freund war, mein Vertrauter,
mit dem ich
über Gott und Tod konnte reden,

aber sie umgarnten ihn
in ihren Geschichten, Gott verdamme sie,
und er fiel von mir ab.

Morgens, mittags, abends
liege ich und stöhne
vor Angst und Pein.

Mein Gott wohnt in einem schönen Namen:

»Für dich werde ich da sein«.

56

Menschen laufen über mich her,
hohe Hacken, platte Sohlen
zertreten mich.

Augen von oben belauern mich,
Schmallippen verspotten meinen Namen.
Ein Fremdling bin ich.

Aber zu Hause bei dir,

du von den treuen Worten,
den lebensweckenden,

bei dir lass ich mich los
und ergebe mich,

unverwundbar, wie sie auch schreien,
lauern, spähen nach meiner Seele.

Bei dir sein dürfen,
der meinen Wankelmut kennt,
meine Tränen zählt und bewahrt,
ist alles.

Ich darf mittags und abends
wandeln in deinen Gärten,
und morgens werde ich erwachen
in deinem Augenlicht.

57

Ich suche bei dir Zuflucht für meine Seele.
Was ich von dir gehört habe, Freundschaft, Treue,
ist Schatten für meine Seele und weites lichtes Land.

Zwischen die Löwen lege ich mich schlafen,
Speerspitzenzähne, Zungenpfeile, doch du
spannst über mir ein Firmament von Sternen.

Erbarmen sucht meine Seele. Ich höre in mir
ein Lied – erwarte den neuen Tag und singe:

Ich bin von dir, du wirst meine Seele bewahren.

58

Richter, die lügen
wie ausgemachte Lügner.
Die im Namen des Rechts – von wem? –
unschuldige Menschen verurteilen,
Menschenkinder zur Verzweiflung treiben,
die die Schuldigen entkommen lassen,
die Welt unsicher machen,
unheilbare Wunden schlagen.

Es gibt solche, die scheinbar so geboren sind;
erbarmungslos,
ohne Gewissen, blind für Wahrheit und Recht.
Die mit Schlangenzungen Gift spritzen
und ihre Ohren schließen, immun
gegen die Flöte ihrer Beschwörer.
Die gibt es in unserer Mitte.

Werden sie sich gegenseitig aufreiben, vertilgen,
vom Bösen zum Schlimmeren bis zum Nirgends?
Fließen sie weg wie verrinnendes Wasser, wie Fehl-
geburten,
baden ihre Füße in des anderen Blut?

Wird da einer sein, der schaudert vor Scham,
sich umkehrt und nicht mehr mitmacht?

59

Ja, ich habe Hasser, die mich hassen,
mich beschimpfen, erniedrigen,
blaffende Meute.

Reiß mich aus ihren Fäusten,
heb mich über sie hinaus.

Sie wollen meine Seele auspressen
aus all meinen Körperteilen.

Gott-Ich-werde,
ich warte auf dich.

Da kommst du schon
gerade auf mich zu.

Ich gönne meinem Feind den Tod nicht.
Lass ihn schweifen über die Erde.

Dass dicke Schwären seine Lippen bedecken.
Dass er ersticke an seinen Lügen.

Blaffende Hunde in der Nacht
streunen rund um die Stadtmauer,

ausgehungert – doch ich esse
mein Brot am Morgen und singe

das Lied der Freundschaft
für dich, der mich hochhob,

der mein Freund wurde.

60

Du hast uns verworfen
gebrochen

lass uns in Ruh
kegele nicht mit uns
zerreiße die Erde nicht
in Fetzen
tritt sie nicht ineinander
die Städte
kratz sie nicht auf
die Höhlen, unsere verheulten Augen

brennender Bart und Kopfhaar
die Stimme, die dies ruft

lodernde Laubhütte
diese Welt

Menschen? vergiss sie

wer du?

61

Hörst du mich schreien,
mich, so wie ich bin? Dann gibt es dich.

Ich sitze am Rand der Erde
ganz nahe am Abgrund.

Ich rufe mit gebrochenem Herzen:
Hol mich hier weg.

Einst warst du eine Hand, eine hohe Mauer
zwischen mir und den Köpfen des Feindes.

Ewiger, ewig will ich
in deinen Zelten zu Gast sein.

Schattenflügel hast du
mir versprochen: Hier bin ich.

Bist du Freund,
dann schaffe mir Freundschaft.

Ich möcht einen Stuhl für deine Augen,
dass du mich siehst, und ich dich.

In allen rauen Ecken und Winkeln
dieser Welt

wird für dich gesungen,
und ich singe mit. Hörst du mich?

Ja, du hörst mich.

62

Sei still, meine Seele, sei bei Gott.
Versteif dich nicht, lass ihn,
den Fels, er kommt
auf leisen Sohlen, und hört.

Ich bin eine wackelige Mauer,
die du leicht umstößt,
ein Mensch, den du im Nu umbringst.

Sei bei Gott, meine Seele,
bei ihm ist Ruhe und Besinnung.
Der Fels, der kommt
mit sanften Händen, um zu trösten.

Hastig und eilig
ist unsere Generation –
Stäubchen, die nichts wiegen,
wirbeln hoch auf, vorbei.

Sei still, sei bei Gott.
Nicht vergelten, nicht urteilen
wird er, er will hören,
er will begreifen.

Freundschaft.

63

Zu dir steh ich auf am Morgen,
ruf die Stunden, bitte das Licht,
stolpre nach Wasser.

Nach dir dürste ich durch den Mittag,
Leib bin ich, Seele erfleh ich,
mit den Schatten fall ich.

Nach dir wälz ich mich in der Nacht –
schläfst du? Rühr mich an,
dass ich Ruhe finde

und zu dir aufstehe am Morgen.

64

Die Unparteiischen
die der nüchternen Fakten
der bittersüßen Rechthaberei
der messerscharfen Federn

die mich verhöhnen
weil ich verzweifelt hoffe
auf eine gerechte Welt

»die lächerlichen Utopien
dieses Tomatenpriesters«

Ich werde sie nicht – niemand wird sie –
auch nicht der Gott meiner Utopien

der kein Gott ist, der zurückschlägt

der eine sanfte, feste Stimme ist
der nicht ablässt.

65

Stille nun. Für dich.
Stille singen hatte ich dir versprochen.
Hör denn.

Hör denn wen?
Mich – wer mich?

Der dieser Mensch ist,
der am Boden liegt,
nichtig, schuldbeladen,
der aufstehen will,
ein anderer Mensch sein will,
neues ich.

Stille nun.

*

Darf ich deinen Garten betreten,
wohnen ganz dicht bei dir?

Sicherer auf Erden
ist kein Ort.

Unwandelbar
die hochaufragenden Berge ringsum.

So wie im Anfang du
die höchsten Fluten bezwungen hast.

So sollen einst die Mengen ruhig werden,
und soll zur Ruhe kommen
diese Welt, und neu sein.

Und dann Stille singen,
wie der Wind
in Gesträuch und Bäumen rauscht,
leise lachend.

*

Als du die Erde besuchtest,
überschüttetest du sie
mit deinen Reichtümern:

Kornfelder, tiefe Furchen,
ein weiches Stück Erde,
große Sommer, tropfende Wüsten.

Wohin du deinen Fuß setzt,
blüht es.

All das singen. Überall. Für dich.

66

Bläser blasen dir zur Ehre,
Geigen streichen deinen Namen.

Du hast etwas vollbracht:
diese Erde, Menschen.

Mauern von Wasser,
Durchzug auf trockenen Füßen,
Sklaven befreit:
Großtaten.

Deine Augen streifen über die Welt,
was sehen deine Augen?

Ich wankte, du hieltest mich fest.
Aufrecht stehen, leben, sagst du,
du kannst das.

Und dann begann es erst gut,
das Leben: Wasser und Feuer,
Räder rollten über meinen Kopf hinweg,
ich lag dort mit Beulen, doch kam zu mir.

Hab Dank, sagte ich, leise, demütig – und dann
mit sich überschlagender Stimme:

Dank, Dank, du meine Gnade,
dass du mich gekannt und
nicht zurückgewiesen hast
hinab in den Abgrund.

Gesegnet du.

67

Er segne uns gnädig,
er lasse sein Angesicht
über uns leuchten.

Lass leuchten himmelhoch und weit
den Weg seiner Worte:
Befreiung.

Alle, die zusammen leben,
zwei oder zweitausend Millionen,
danken Ihm, dass sie leben.

Die Erde blüht wie ein Garten,
ein Weinberg, ein Wald von Kräutern.
Er gibt uns den Mut, dass wir leben.

68

Gott ist aufgestanden.
Schuft und Schänder sind zerstoben.

Und es geschah, und es wird geschehen,
dass Er da stand, da steht,
hochaufgereckt
gegen den Feind.
So wie Rauch verweht, verwehte,
wird verwehen der Feind.

Singe, mach Musik,
ruf Ihm seinen Namen entgegen

Vater der Waisen
Helfer der Witwen
Hüter der Einsamen
Finder von Fluchtwegen

ruf Ihn an der da kommt
durch Ödland und Wüsten
auf geflügelten Füßen.

*

Erdstöße, Gischtmeer,
steigende Strudel, wirbelnde Lüfte,
als Er erschien:
Er kämpft für die Verworfenen,
gibt festen Grund dieser Welt, Himmel und Erde,
aufs Neue, für immer.

Frauen, die Ersten,
die das geschehen sahen,
brachten die große Nachricht:
»Flüchtende Könige,
ganze Heere verwildert.
Die Beute fällt uns in den Schoß:
silberne Taubenflügel
Schwingen goldgraviert –
Könige und ihre Horden
verstreut über Berge wie Schnee.«

Alle Gebirge der Erde,
das eine aufs andere voll Neid,
dass Er nicht Platz nimmt
auf einer ihrer Spitzen.
Nein, noch nimmt Er nicht Platz.

Doch einst wird Er wohnen weithin
auf leuchtender Bergspitze Liebe
strahlender Berg Neue Welt.

Dorthin wird Er führen
alle Gefangenen, die Er befreite:
rettete aus Feuermeeren, Selbstmord,
Laufgräben, Labyrinthen der Seelen,
die Er hochbrachte
aus den Tiefen des Meeres.

*

O Gott, der du aufgestanden,

gesegnet du lebendiger Lichtbaum,
bei dir ist der Weg der Befreiung,
bei dir der Weg durch den Tod,
du ziehst uns ins Leben hinein,
ins Tageslicht, du Gott Befreier.

Er wird auf den Feind nicht einschlagen,
nicht Schädel zertrümmern, Er nicht mehr,
keine Hunde aufhetzen, baden in Blut.
Er wird uns Leben einhauchen.

Eine Schar mit Gesang und Gitarren,
trommelnde Mädchen, höre:
Er ist unser Quell, singen sie,
wir singen die Monster weg,
die Stiere werden besänftigt –
wir singen die Ferne herbei,
die fremden Völker zu Freunden:
Wir singen Menschen vernünftig,
wir alle, fremde Bekannte,
kommen zur Ruh, summen Friede.

Murmele Amen. So möge es sein.

69

Rette mich, Gott, meine Seele steht unter Wasser.
Ich versinke in saugendem Schlamm,
fortgerissen, kann nicht mehr stehen, gehe unter –
ich bin aus der Luft geschleudert ins Meer
wie ein Stein.

Leer geschrien bin ich,
die Kehle verbrannt,
Augen tot vom Ausschauen nach dir.

Meinen Brüdern bin ich ein Fremdling,
den Töchtern meiner Mutter ein Fremder.

Sollte ich lügen, du würdest es wissen,
vor dir kann ich nichts verbergen –
was werden sie von dir denken,
wenn sie mich sehen, zuschanden,
beschimpft, erniedrigt,
mich, der ich von dir bin?

Dein Haus ist mein Sehnen,
deine Worte mein Brot –
deine Leugner verhöhnen mich.
Ich habe dich noch nicht losgelassen, noch nicht.
Ich bitte noch, warte auf deine Augen.
Bei dir werde ich sicher sein
wie im Schoß einer Mutter

*

Wie sie mich quälen, mein Herz zertreten,
du weißt es.
Ich wartete, dachte, Gott weiß es,
ich wartete auf einen Tröster, aber nein,
eine Trösterin – doch da ist niemand gekommen.
Nur solche mit giftigen Kräutern und saurem Wein.

Dass sie doch an ihren Tischen
das Unglück fressen, schlag sie mit Blindheit,
verfluche sie, lähme ihre Lenden,
lass sie brennen.
Überwuchere ihre Zelte, verjag sie,
dass sie nie mehr
irgendwo
wohnen.

Du schlugst mich, sie schlugen mich härter.
Sie jagten mir nach,
prahlten mit Lügengeschichten.
Hau sie weg, in die Leere.
Streiche ihre Namen in deinem Buch,
dass sie da nicht aufgeschrieben
stehen in deiner Handschrift.

Schmerz bin ich, mache mich still,
geknicktes Rohr, brich mich nicht.

*

Ich will entflammen in Liedern.
Vom Grunde des Meeres
sing ich hinauf zu dir,

du Befreier der Sklaven.

Nicht der Rauch von Opfertieren in deiner Nase,
sondern das Aufblühen von Stimmen in deinen Ohren.
Nicht die Kehlen von Mördern,
sondern die verstummten Münder der Armen
singen:

Du Befreier von Sklaven,

den dich Liebenden löst du die Fesseln,
baust Städte für sie auf
und für ihre Kinder –

damit wir dort zusammen
mit Fremden und Flüchtlingen wohnen.

Du Befreier von Sklaven

auf ewige Zeiten.

70

— 1. —

Streck die Hand nach mir aus,
sei du Gott, komm zu Hilfe.

Gott bist du, komm zu Hilfe,
du, komm, eile mir zu helfen.

Befrei mich aus diesem Urwald,
dieser Haft, diesem leeren Jetzt.

Du, komm, eile, mir zu helfen.
Der aus nichts uns erschuf,
der uns kennt und befreit.

Du, komm, eile, uns zu helfen.

— 2. —

Ein Schoß des Erbarmens ist unser Gott.
Er hat uns gesucht und gesehen
wie die aufgehende Sonne am Himmel.

Er ist uns erschienen,
als wir in Finsternis waren
im Schatten des Todes.

Er wird unsere Füße lenken
auf den Weg des Friedens.

71

Ich sitze mauerfest, ich gehe nicht, komme nicht,
kein Antrieb, keine Sehnsucht –
Befreier, du, brich mich auf.

Flieg mich zu einem hohen Nest,
wo ich sicher bin, etwas sicher,
eine Steilküste mit Aussicht.

Meine Mutter kam von dir, deine Tochter,
und so ich von dir.
Als sie das Singen mich lehrte, sang ich dich.

Später sahen viele in mir nichts Besonderes.
Ich schweifte umher Tag und Nacht, und manchmal
kam ich zu dir nach Hause und sang.

Verlasse mich nicht, wenn ich alt bin.
Aufgehoben von dir, seit meiner Geburt
hast du mich auf Schultern getragen.

Über mich hecheln die Feinde:
Der hat seine Zeit gehabt,
aus und vorbei.

Verhöhnen mich, hartherzig von oben herab
ob meines Lebenswandels, beschimpfen
meine Lieben, meine Kinder.

Wir haben die Arme
umeinander gelegt, zählen
unseren Segensreichtum, warten ab
und singen deine fremden Psalmen,
um uns zu trösten, und ich erzähle
von der Zeit, als ich jung war,

von damals, als ich mit dir lebte –
in meinem Alter verlasse mich nicht:
Wenn ich alt werde, würdest du mich schleppen.

Ich werde versuchen, noch aufzuschreiben,
was dich mir zum Gott gemacht hat,
den einzigen, einen,

der mich lebendig macht, wieder belebt,
mich aus Erdschlünden hochholt
und mich zur Ruhe bringt, bisweilen.

Ich werde vielleicht das Harfenspiel
und Geigenspiel erlernen –
ich forme die Lippen zu einem Lied,

ich räuspere mich, und was dann klingt,
ist mein Psalm für dich –
das muss dir dann genügen.

Und mir auch, so möge es sein,
so möge es sein bis zum Tod.

72

Es sollte im Namen Gottes
ein König kommen – ein König!
Um wichtige Dinge zu ordnen:
unkündbaren Rechtsspruch für alle,
hochgehoben die Erniedrigten,
Fremden mit Achtung begegnet,
Menschenrechte verbürgt:
im Namen Gottes ein König.

Friede den Bergen, den Tälern,
Friede fürs Korn auf dem Acker,
Garben, Gerechtigkeit, Brot
auf dem Holztisch der Armen.
Es sollte ein Helfer, ein Gottmensch –
Armer, du schriest um Hilfe,
nun ist dein Helfer gekommen,
Frau, hier ist deine Hilfe.

Da sollte, wie Tau auf den Rosen,
Gesundheit sein für die Kranken,
großer Hausputz der Seelen,
Freikauf kostbaren Bluts:
Auszug aus Sklavenhäusern,
Tyrannen von ihren Thronen,
ein Heimatland für die Verschleppten,
eine Sprache von Friede und Hoffnung.

Es sollte ein Gesalbter kommen,
auf dem Rücken eines Eselchens,

überall hin, wo Menschen
Opfer sind, rechtlos – er sollte
die Wunden verbinden, die Augen
ganz hell machen, er sollte
die Verzweifelten suchen:
Er wird uns suchen und finden.

Friede den Kupferminen,
Friede den ölreichen Feldern,
Friede den Schwanenseen,
Friede den Regenwäldern
sollte es werden, weiß Gott –
Friede dem Namen des Königs,
möge sein Königreich blühen,
Friede für dich und für dich

sollte es werden und bleiben,
Menschen zur Ruh gekommen,
Plätze himmlischen Friedens,
Amen, so sei's, ja Amen.

Wir, die dies singen, was sollen
wir hoffen, weinen, erflehen?

Komm doch eiligst, ja heut noch,

und Tod wird nicht mehr sein.

73

Gott ist gut zu mir gewesen,
o ja,
hat mich geläutert.

Meine Füße gingen verkehrt,
ich war auf dem Weg in das Chaos:
Ich war voll Neid auf Schufte und Schänder,
auf ihre Wohlfahrt, ihre Bäuche.
Alle Sterblichen müssen sich quälen –
nur die nicht,
Diamantenschnüre um den Hals,
vorquellende Augen,
Mund weit auf, voll Hasstiraden,
großmäulig bis zum Himmel,
Zunge, die die Erde vergiftet.

So kriechst du vor denen,
kungelst du mit.

Sie sagen: Der Allerhöchste,
euer Gott, weiß nichts.

Ich prüfte mein Herz,
versuchte nicht zu hassen.
Dachte: Da werde ich mittun –
warum ihren Weg nicht gehen?
Doch dann verleugne ich,
was ich bis jetzt gelebt hab,

und überlass meine Kinder
einem schleichenden Unheil.

So schwankte ich hin und her.

Dann plötzlich wurde es Licht,
und ich sah sie enden im Nichts,
sah sie verdunsten ins Leere.

Dumm war ich, grämlich, verbittert,
ein Untier war ich, ging dich an,
aber doch an dich angelehnt.
Meine Hand in deiner Rechten.

Du hast einen Plan, halt mich fest.
Ich weiß nicht wohin, ich will
keinen Himmel, ich will die Erde.
Ich will, dass mein Herz sich hält
und dass du mein Fels bist auf ewig.

Weit weg von dir – das ist kein Leben.
Nah bei dir geht es mir gut.

74

Hast du deine Menschen verworfen? Solltest du
einen von uns in den Abgrund treiben?

Dazu hast du uns doch nicht
vom Sklavendienst befreit.

Während wir zogen zu deinem Haus,
wurde es durch den Feind erobert.

Er schlug auf die Balken ein
wie auf das Buschwerk im Wald.

Kratzte Hakenkreuze in die Mauern,
Beile krachten in uralte Tore,

spalteten ihre Häupter – Feuer tat den Rest,
weg war die Wohnstatt des Namens.

So wird es allen Häusern dieses Gottes ergehen,
brüllte er wahnsinnig.

*

Da ist niemand mehr, der dich ausspricht.
Keine Propheten mehr, kein Weg zu gehn.

Wie lang noch dürfen sie dich schmähen,
als ob du machtlos wärst?

Hast du die Hände
in den Schoß gelegt?

Du, der du den Wellenschlag des Meeres
gebrochen hast, die Drachenköpfe zerschmettert,

der das Seemonster zur Nahrung gab
den hungrigen Massen in der Wüste.

Brunnen schlägst du, Becher machst du voll.
Hochwasserströme lässt du vertrocknen.

Dir gehören die Tage, von dir ist die Nacht.
Du hast die Sonne befestigt und den Mond;

eine Schranke gesetzt der Natur,
Zeiten für Winter und Sommer.

Vergiss nicht: Du bist der Kommende,
wie sehr auch die Welt dich verhöhnt.

*

Du sollst die Seele deiner Taube
nicht überlassen den wilden Tieren,

deine Gebeugten
sollst du nicht vergessen.

Voller Gewalt und Unrecht diese Welt,
Arme und Wehrlose erniedrigt.

Steh auf, du, gegen das ohrenbetäubende
Schreien deiner Hasser.

75

Du bist ein ehrlicher Gott.
Du sprichst nicht in Rätseln.

Ich komme, sagst du,
die Erde mit allem, was darauf wohnt,
eins zu machen,
ein Leib, lebendig, gegen den Tod.

Ich werde, sagst du.
Schuft und Schänder, hört auf,
verheddert euch nicht in Intrigen.

Bodensatz werdet ihr trinken,
die wahren Weinstöcke
müsst ihr entbehren.

Und auch an der Musik,
der reinen und tröstenden,
habt ihr nicht teil,

eure Instrumente grummeln.

Die reinen Herzens sind,
klingen hoch auf.

76

Ich bin nicht von nirgendwo, ich komme
vom Bergland, bewohnt von Löwen.
Ich focht im Grenzgebiet,
wohnte in Burgen uneinnehmbar.
Ich war der Gott der flitzenden
Pfeile, der Bogen und Schwerter,
ein Fechtergott, blendend und schnell,
für Räuberbanden gefährlich.
Ich trotzte den Übermächtigen –
musste es, brach ihnen das Rückgrat.
Vor meinem bedrohlichen Anblick
versteinerten Reiter und Pferd.
So habe ich Unterdrückte befreit
aus dem Griff der Tyrannen:
Gottheit war ich, furchterregend.

Ich suchte einen anderen Weg.
Ich stieg hinab in die Wüste,
wurde Stimme aus dem Feuer:
»Lernt einander zu befreien.«
Ich schuf einen Weg aus Worten,
die zu verstehen sind und zu tun:
Brot und Recht für die Armen,
für die Dürstenden Wasser.
Ich sprach sie in allen Sprachen,
sie stehen am Himmel geschrieben:
Freundschaft, Erbarmen und Treue.
Ich denke, sie sind möglich. Ich warte.

Ich nahm dann Wohnung bei Menschen
in Dämmerlicht und in Verwirrung.
Ich wollte ein kleiner Menschengott sein.
Liebe stark wie der Tod.

77

Die Stimme habe ich verloren.
Ich rufe ohne Ton.

Himmel, hörst du mich?
Einst war jemand da,

den ich nannte »Gott«,
du. Gibt es dich noch?

*

Ich denke an früher, an Tage von einst,
irre durch mein Gedächtnis.

Ich sang in der Nacht, ich war
allein mit mir und mit dir.

Ich erforschte mein Herz und weiß nicht –
bist du noch der von einst?

Bist du ein anderer geworden,
der keine Gnade mehr kennt?

Doch ich weiß noch deine Worte,
Wunder in meinen Ohren,

die Stimme, die mich lenkte zum Guten –
ich hör dich noch, ganz tief in mir.

*

Du bahnst einen Weg, wo kein Weg ist.
Du suchst den Abgrund der Meere.

Doch auch: Der Abgrund sucht dich.
Das Wasser sieht dich und schäumt hoch auf.

Himmelswasser fällt dir zu Füßen,
Wolken umhüllen deine Schultern.

Du schaffst einen Weg durch das Meer.
Du willst, was nicht sein kann, und weißt:

Es kann, du läufst übers Wasser
und nimmst uns an deiner Hand mit.

78

Hier bin ich, Menschen, euer Dichter.
Ich habe etwas zu melden und tue es.
Nimm meine Tora zu Herzen:
eine lange Geschichte kurz gefasst
über einen zornigen Gott,

einen brüllenden Löwen, der sich zähmte,
einen Gott, der zur Einkehr kam.

Ja, der von Sklavenhäusern, Auszug,
leuchtender Wolke bei Nacht,
Wasserflächen geteilt,
wasserspendenden Felsen,
ja, dieser eine Befreier.

Dem durch seine eigenen Menschen
wurde misstraut, verleugnet.
Sie wollten einen reichlich
gedeckten Tisch in der Wüste,
ein immer sprudelndes Quell,
weißes Brot aus dem Himmel.

Er tat, was Er konnte, gab Brot
und Wasser – doch nie genug:
Fleisch musste her und Geflügel,
am liebsten gewürzt und gebraten.

Er öffnete himmlische Türen:
Aus Unwetter regnete Saat,

Manna, Brot aus dem Himmel,
ein Regen aus farbigen Federn,
Wachteln, tot vor ihren Türen.
Sie aßen und konnten nicht mehr,
sie stopften es sich in den Mund –
die Fettesten starben vor Ort.

Fressen, Saufen und weiter nichts.
Parolen brüllen, Jahre des Schreckens.
Manchmal erwachte da einer
und dachte: Dieser Gott ist mein Fels,
Er kaufte mich frei, mein Erlöser.

Aber es blieb bei dem einen,
die Masse wollte nicht denken,
betrog ihn mit Lügenliedchen.

Er blieb barmherzig, dämpfte den Zorn.
Er weiß, wie schwankend wir sind.
Doch wurde aufs Neue gekränkt und erniedrigt:
Wir hatten ein kurzes Gedächtnis,
gedachten nicht unserer Befreiung
aus Angstland, wussten nicht mehr
die Wunder, die Er tat:
Flüsse in Blut verwandelt,
Gallwespe, die alles auffraß,
Frösche, Heuschrecken, Hagel,
die Blitzeinschläge, die Pest,
der Tod der ältesten Söhne.

Alles versuchte Er: brachte uns
hin zum heiligen Berg,

ließ uns wohnen in friedlichen Ländern,
in Gärten an quirlenden Wassern.

Aber wir glaubten Ihm nicht,
hofften nicht, liebten ihn nicht.
Wir flohen zu Opferhügeln,
wo man goldene Kälber anbetet –
was musste Er noch weiter mit uns?

Mose überredete Ihn.
Er sollte mit uns ziehen – wohin?

Und wieder geht es durch die Hölle.
Wir halten uns nicht an sein Wort,
verleugnen Witwen und Waisen,
verfluchen den Fremdling.

Wird Er uns einen Hirten geben,
einen König-Messias, einen David?
Er wird uns geben: Gewissen,
die Kraft seines Heiligen Geistes,
eine Stimme, die tief in uns klingt.

Die wir klingen lassen zusammen,
wenn wir Brot brechen und teilen
als Zeichen unserer Hoffnung:
dass eine Welt entstehe,
wo Brot, Recht, Würde
und Liebe ist

für alles, was lebt.

79

Hier wohnen wir schon ewig
im Schatten unserer Bäume.
In dieser Mauer des Überlebens
verbergen wir unsere Gebete.
Fremde sind gekommen,
haben unsere heiligen Worte geraubt,
die Stadt zerstört. Unsere Leichen
sind von Vögeln verschlungen.
Von wilden Tieren abgenagt
unsere Gebeine.
Wir wurden nicht begraben.

Warst du es, der uns das antat?
Das ist unausdenkbar.
Aber du tatest nichts, tust nichts, sagst nichts,
packst nicht unsere Mörder.

Kahlgefressen die Weidegründe deines Volkes.
Fortgeführt deine Menschen
dorthin, wo nichts war, strömendes Gas –
und du warst da nicht.

Oder warst du in dem Ofen, in der Hand,
die meine Mutter streichelte,
in Augen, die dort miteinander sprachen
in ihrer Nacktheit, zum ersten Mal,
brennende Augen?

Komm, zeige dich wieder, lass sehn, wer du bist.
Undenkbarer, rette einen Fetzen, einen Schimmer
von deinen Kindern des Todes.

80

Hirte der ganzen Erde, höre.
Du, der du uns beisammenhältst und anführst,
erschein uns, sei unser Sichtbarer.
Lass unsere Augen deine Herrlichkeit sehen.
Fahr fort, uns zu befreien.

Lass dies nun der Wendepunkt sein:
dass wir suchen deine Augen,
dass du suchst unser Gesicht.

Du von Legionen Engeln:
Wendest du dich ab, beleidigt,
versteckst du dich in Wolken und Nebel?

Tränenbrot habe ich gegessen,
Tränenbecher getrunken.

Feinde lachen uns aus.
Die Nachbarn haben genug davon.

Lass dies nun der Wendepunkt sein:
dass wir suchen deine Augen,
dass du suchst unser Gesicht.

Da war in Ägypten ein Weinstock.
Den hast du ausgegraben
mit eigner Hand.
Andere Völker hast du vertrieben,
um ihn zu pflanzen, hier.

Du hast für ihn den Boden gelockert,
dass er wurzeln konnte
und blühen überall hin.
Sein Schatten fällt über die Berge,
seine Ranken umranken die Zedern –
seine Äste ragen zum blauen Meer,
seine Zweige zum großen Fluss.

Warum wurde seine Umzäunung zerstört?
Dass der, der vorbeikommt, ihn plündert,
wilde Schweine ihn fressen?

Lass dies nun der Wendepunkt sein:
dass wir suchen deine Augen,
dass du suchst unser Gesicht.

Schau nieder vom Himmel und tu was,
dass dein Weinstock erblühe,
der Steckling, den du gepflanzt hast,
den du wie dein Kind gehegt hast.
Mach voran, uns zu befreien.

Lass dies nun der Wendepunkt sein:
dass wir suchen deine Augen,
dass du suchst unser Gesicht.

81

Ich werde an den Haaren gezogen
quer durch die Zeit, Jahrhunderte zurück:

»Sing dem Gott von Jakob,
blase die Posaune«, Jakob wer?
Kenne ich nicht. Gott wer?

Jakob, Vater von Söhnen.
Jakob, der zu Israel wurde:
»Du hast gekämpft mit Menschen und Gott
und gewonnen.«

Worte von Ewigkeit her,
die ich nicht kannte, die ich hören will:
wer Jakob, und wer Gott?

*

Jakob, der Vater von Josef,
Träumer in rotgoldenem Mantel,
von den Brüdern verkauft
für dreißig Silberlinge,
der mächtig wurde in Ägypten –
die Kinder seiner Brüder
wurden so viel und so stark,
dass Ägypten sie fürchtete,
dass Ägypten sie knechtete.

Worte von Ewigkeit her,
die ich nicht kannte, die ich hören will:
wer Jakob-Josef, wer Gott?

Gott von Israels Kindern,
der sie befreite aus dem Griff Ägyptens,
aus der Verdammnis von Knechtschaft und Angst

und ihnen versprach
eine bessere Welt.

*

Ich stieg empor, fiel hinab
in Schächte von Ewigkeiten, ich kam
in unbekannte Gegend, ich war da
in Dunkelheit und Sturm, ich hörte

eine Stimme, die Stimme eines Gottes,
die Stimme des Gottes von Jakob,
des Befreier-Gottes, Er schrie,

schrie und weinte und sang:

»Beug dich nicht fremden Göttern,
Göttern, die dich aussaugen werden.
Ich bin deine Zukunft, ich ziehe dich hoch
aus einer erstickenden Vergangenheit.

Mache deinen Mund weit auf,
ich werde ihn füllen mit Brot
von Weizen und süßem Honig.«

82

Im Sitzungssaal der Götter
aufgestanden,
Auge in Auge mit den höchsten Wesen
steht Er da, der Eine,
und spricht.

Hör seine Anklage:

»Wie lange noch wird das Recht verleugnet,
werden Schuft und Schänder begünstigt?
Schaffe Recht dem Geringsten, dem Waisen,
Armen, Beraubten, Erniedrigten.
Rette die gänzlich Wehrlosen,
lasse sie entkommen
der Hand ihrer Schänder.«

Sie wollen nichts wissen, nichts sehen,
im Dunklen gehen sie ihre Wege –
in den Grundfesten
wankt sie, die Erde.

Doch ich habe gesprochen,
sagt Er, der Eine:
Gottwesen seid ihr,
allesamt Söhne von Gott in der Höhe,
doch werdet ihr sterben,
so wie Menschen sterben,
stürzen, so wie Könige stürzen.

Steh auf, richte die Erde, du,
denn dir gehören alle Völker.

83

Schweige nicht.
Stell dich nicht taub, bleib nicht draußen.

Deine Hasser recken die Köpfe,
höre, was deine Feinde schon planen
gegen deine wehrlosen geliebten
Zuzügler, Fremdlinge, Unerwünschten.
Fest beschlossene Sache:
»Die werden wir wegräumen.«

Das ist gegen deine Weisung-Gesetz-Wort-Tora,
dass sie zusammenkleben in Hass
schon seit Urzeiten überall auf Erden:

»Wir werden den Gott mit seinen Menschen
für immer vertreiben, abschlachten.
Wir rauben ihre Ländereien, Weiden und Wälder,
ihre Goldadern, Wasserbrunnen,
ihre Weisheit und Jugend.«
So geht ihr Hasslied.

Es wird ein Augenblick kommen,
im Nu, blitzschneller Wind,
Sturmböen, auflodernde Flammen,
Feuer, das alles verzehrt.

Du bist der Wind und der Sturm,
die Flammen, das Feuermeer –
Schmach und Schande werden sie trinken
und wissen, dass du der Höchste, die Liebe,

dass du der Lebendige bist.

84

Das prachtvolle Haus,
das da steht, auf grünem Hügel,
weite Flügel schattenreiche Veranden,
hohe Fenster tiefe Räume,
dieses dein Haus,
wo alles willkommen ist, wo alles wohnt –
die Sperlinge dürfen mit an den Tisch,
die Schwalbe baut unter der Rinne ihr Nest –
ich bin eines ihrer Jungen.

Unruhig ist mein Herz, ungestüm habe ich
nach diesem Ort verlangt.

Menschen, wo auch geboren,
wissen nicht, was sie treibt,
sind unterwegs hin zu dir.
Quer durchs leere Land
über dunkle Gewässer, durch Wälder,
über den Bergkamm, über den Gipfel
gehen sie blindlings.

Und dann eines Tages
stehen sie da. Dürfen wir bleiben? Ihr dürft.
Sie schlagen die Zelte auf
zwischen deinen Zedern, unter deinen Eichen,
liegen ausgestreckt im hohen Gras –
ganz selig.

Lieber einen Tag nah bei dir
als Tausende weit von dir weg,
lieber einen, als Tausende weit von dir weg.

85

Du hast dein Land begnadet,
unser Leben zum Guten gewandt,
unsere Schande bedeckt,
unsere Schuld fortgetragen,
gebändigt das Feuer deiner Leidenschaft.

Du kehrtest dich um zu uns hin.
Du legtest den Argwohn ab.
Ruf uns aufs Neue zum Leben,
gib uns Fahrt, zu dir hin.
Liebe, bring uns wieder zu Ehren.

Beuge uns einander zu,
wende unsere trägen Herzen,
dass wir ohne Misstrauen
jedermann zugewandt gehen,
offen und Frieden liebend.

Lass so die Welt werden:
Küsse aus Treu und Erbarmen,
Versöhnung aus Recht und Friede –
Friede eine Saat in der Erde,
Gerechtigkeit Sonne am Himmel.

Überfluss prangt auf dem Acker.
Regen fällt zur rechten Zeit.
Früchte tragen die Bäume.
Rosen tragen die Felsen:

In so einem Land willst du sein.

86

Arm und elend bin ich.

Abends spät hämmere ich an deiner Tür,
ich bin dein Freund, ich verlass mich auf dich.
Und auch alle folgenden Tage
rechne ich mit dir.

Ich will leben in Freude, erhebe mein Herz,
du hast den Ruf, gut zu sein
zu jedem, der dich anspricht
am Tag seiner Erniedrigung.

Götter schweigen in allen Sprachen,
geben nicht nach, du wohl.
Lehr mich den Weg deiner Tora –
richte mein Herz, mach mich fromm.

Dank für deine Freundschaft,
die mich so ganz einhüllt,
dass du aus dem Abgrund hochholst
meine herumtaumelnde Seele.

Kein Gewalttäter
hat mich überwältigt,
du bist ein goldener Schild.

Erscheine mir. Schenke mir,
was in der Welt nicht sein kann:
dass ich, der Sohn deiner Sklavin,
dich darf umarmen.

87

Er will bei Menschen sein.
So lautet sein Name.

In tiefen Tälern, auf hohen Ebenen,
an Flüssen von Tränen.

Wo wir Ihn rufen, Ihm singen,
da wird Er sein.

In Sion wird Er gerufen
von verzweifelten Stimmen,

da steht das Zelt der Begegnung,
da verweilen seine Worte.

Dort hat Er begonnen, dort,
für alle Völker erreichbar.

Ich hörte in fremden Sprachen:
Da sind auch wir geboren.

Und ich wusste und bejahte:
Da entspringt mein Quell.

88

— 1. —

Hörst du mein Geschrei
ab und an – du brauchst
nichts zu sagen, du,
wenn du mich nur hörst.
Nacht ist um mich her
Mauer hoch und blind
Seele wüst und leer
irr ich in mir selbst
einer der nichts beginnt
der nicht gehen kann
Steine in einem Loch.
Sagen sie »komm hoch«
dann weiß ich nicht wie
und ich ruf den Tod
und ich denke mich weg
falle aus der Zeit
aus deinem Bereich
bis wo niemand nichts
Name ausgewischt.
Und all meine Liebsten sind
undenkbar fern
niemand will mich mehr
bis zur Vergessenheit
tot ist tot verdammt
bin ich – wo und wer

bist du, der sein sollte,
sein sollte mit mir

hörst du mein Geschrei?

— 2. —

Ich schreie des Tags, mein Gott,
des Nachts bis vor dein Angesicht
deine Brandungen hast du beschieden.

Du hast die ich kannte mir genommen
zu einem abscheulichen Ding mich gemacht
mich zur Vergessenheit verdammt

Nächster und Freund mir ganz entfremdet.
Die ich kannte, sind dunkel für mich.
Geschrieben steht von dir: »Ich bin dir nah.«

89

Du warst – du bist – du wirst.

Höre mein Lied, mein Herz ist voll,
mein Mund läuft über: Deine Freundschaft
reicht hinauf bis in die Wolken.
Kein Göttersohn ist dir vergleichbar.

Der Luftraum ist voll von Göttern,
doch niemand ist wie du.
Anführer, sanftmütig,
kein Meer schäumt dir zu hoch.

Du hast ihre Monster gezähmt.
Nun wanderst du über die Fluten.
Die Erde, wüst und leer,
wurde volle Erde und Acker.

Nordpol, Südpol, Monte Rosa,
durch deine Hände gemacht –
dort aus der Höhe strahlst du
Liebe aus und Treue.

Du warst, wirst sein, du bist
unsere Kraft, um den Weg zu gehen,
um zu bestehen den Tag,
den Mittag, dunkle Nächte.

*

Einst hast du feierlich geschworen,
in Visionen gesprochen:

»Dich hab ich auserkoren,
David, mein rötlicher Junge,
um mein Gesalbter zu sein,

ich werde mein Wort zu dir sprechen,
ich leg deine Hand auf das Meer,
deine rechte Hand auf die Brandung.

Hirte bist du und König,
um für Frieden zu sorgen.
Ruf mich, ruf mich doch ›Vater‹,
mein Erstgeborener, du.

Nie werde ich brechen mit dir,
hab keine Angst vor dem Feind.
Dir werden Kinder geboren
zu einem Thron im Himmel.

Wenn sie meine Worte verachten,
keine Gerechtigkeit tun,
werde ich sie schlagen mit Unheil.
Doch dich verleugne ich nie.«

*

Hast du gesagt, geschworen
dem David – doch nicht gehalten
das große Wort, das Versprechen:
Du hast den Gesalbten verstoßen.

Eine Frau in ihrem Kämmerchen,
viele Jahrhunderte später,
fragte dich, was da passiert ist.
Du sprachst zu ihr, im Traum:

»Ich war in dunkler Nacht
weit weg von den eigenen Worten.
Wagte keinem mehr zu trauen,
fühlte mich tot und verstoßen.

Ich dachte: Ich werde David, den Lumpen,
verwerfen, ich lass ihn fallen.
Dann hörte ich eine Menge von
Menschenstimmen mich rufen:

Du mit dem Namen Ich-werde,
erbarmend, gnädig, langmütig.
Da ging ich in mich selbst
und schämte mich meiner Untreue.

Dann habe ich aus seinem Geschlecht
einen gefragt, einen Gerechten,
um es erneut zu versuchen:
Friede auf Erden für immer.«

90

Eine sichere Zuflucht bist du,
immer gewesen, von Geschlecht zu Geschlecht.
Die Berge standen noch nicht,
die Erde lag noch in Wehen,
es war noch niemand geboren.
Damals schon, Ewigkeit nun,
warst du der Einzige, Wahre,
und so soll es bleiben.

Du lässt das Menschenkind zu Staub vergehen.
Du sagst: Geh du, Kind des Adam.
Tausend Jahre sind in deinen Augen
wie der Tag von gestern, vorbei,
wie eine Sekunde des Wachens.
Du fegst uns weg wie den Traum am Morgen,
wir sind wie das Gras, das morgens blüht,
doch abends ist es verdorrt.

Du loderst, verzehrend wie Feuer.
Du hältst uns gegen dein Licht,
all das Verborgene durchschaust du.
Deine Sehnsucht ist uns zu mächtig,
wir wagen nicht, mit dir zu gehen.
Du blendest uns – dämpfe dein Antlitz,
unser Atem kommt da nicht mit.
Du bist zu viel für ein Leben.

Siebzig Jahre währt unser Leben,
wenn wir stark sind achtzig.

Das meiste ist Mühe und Pein,
und plötzlich sind wir dahin.
Ist das Erbarmen, Liebe und Treue?
Gib Antwort, stürmischer Gott.

Ich zähle meine Tage – wie lang noch?
Ich will ein weises, friedvolles Herz.

Wie lange noch warten auf Antwort,
unerwartete große Liebe.

Ich will wach werden früh am Morgen
und wissen, dass es dich gibt.
Ich will glücklich sein mit dir
jeden Tag, nie mehr nicht.

Mach mich ebenso viele Tage glücklich,
wie ich unglücklich gewesen bin
jahrelang, ohne dich.

Lass mich wissen: Umfasst dein Erbarmen
auch unsere Kinder – wie geht das?

Du, einzig Wahrer, gib Kraft und Bestimmung
den Werken unserer Hände,

dass sie von Bestand sind. Gib Richtung
dem Werk meiner Hände.

91

Wer wohnt unter der Obhut von …
genächtigt im Schatten
eines Gottes allmächtig –

Einst gewohnt unter deiner Obhut – ich
in deinem Schatten genächtigt?
Einst gesagt »meine Zuflucht du,
meine feste Burg,
du mein Gott, auf dich bau ich«?
Vielleicht mitgesungen,
Worte in eine große Form gegossen,
Melodie von Jahrhunderten her …
da wagst du dich mit, ja – nein,

meine Zuflucht, du,
du mein Gott, auf dich baue ich.

*

Er jagt sie fort, die Vogelfänger mit ihren Netzen.
Er steckt dich unter seine Flügel, dass du da sicher sitzt,
seine Schwingen stark und verlässlich.

Die Nacht kommt, mit ihren Gespenstern,
hab keine Angst –
neuer Morgen, wieder ein Tag, es wird
auf dich geschossen, hab keine Angst –
Fieber glüht auf am Mittag,
Pest geht um im Dunklen –
hab keine Angst.

Fallen auch Tausend an deiner Seite,
Hunderttausend zu deiner Rechten:
Dir kommt es nicht nah.
Mach die Augen auf und sieh:
Schuft und Schänder gehen unter –
sing: Du meine Zuflucht,
du mein Gott, auf dich baue ich.

Plagen stürmen an deinem Zelt vorbei.
Seinen Boten befiehlt Er vom Himmel,
dass sie wachen auf all deinen Wegen,
dass sie dich auf Händen tragen,
dass du an kein Steinchen stößt
auch nur einen deiner Zehen.
Löwen trittst du ruhig von dir weg,
Schlangen trittst du auf den Kopf,
Skorpione trittst du tot –
sing: Du meine Zuflucht,
du mein Gott, auf dich baue ich.

*

Erhoben und geheiligt werde
Sein großer Name in dieser Welt,
dass Er uns regiere
auch in der kommenden, die bald kommen wird,
sprich Amen.

Erhoben sei der Name in Ewigkeit o ja.

Gesegnet sei der Name
des Ewigen, der heilig ist,
gerühmt gesungen und angebetet.

Erhoben sei der Name in Ewigkeit.

Über allen Segenssprüchen Lobgesängen
über jeden Trost.

Erhoben sei der Name in Ewigkeit, o ja.

Leben sei uns geschenkt und ganz Israel
sprich Amen.
ER der Frieden bereitet in seinen Höhen
ER möge Frieden schenken
Israel und der ganzen Welt.
Amen.

*

Weil du mich gekannt hast bei meinem Namen,
antworte ich dir, sagst du,

du kommst da durch,
ich hebe dich ganz hoch empor.

Den Strick um den Hals mache ich los,
du stehst wieder da, in Ehren.

Ich gebe dir die Erde aufs Neue
auf die Länge der Tage.

So magst du sehn die große Befreiung
von allen, die leben auf Erden.

*

Einst gewohnt unter deiner Obhut – ich
in deinem Schatten genächtigt?
Ja gesagt, ja dir gesungen,
auf dich baue ich.

Meine Zuflucht du,
meine feste Burg,
du mein Gott, auf dich baue ich.

Wer wohnt unter der Obhut von …
genächtigt im Schatten
eines Gottes allmächtig.

Da capo al fine

92

Deinen Namen nennen ist Glück,
dass du mein Freund bist, morgens
sing ich, mittags und abends.

Deine Hände machten mich schön,
deine Seele beseelte mein Singen –
ich will meine Bestimmung begreifen.

Dummköpfe begreifen dich nicht.
Das Unkraut will dich nicht wissen.
Täter ergreifen die Flucht.

Doch der Gerechte steht
wie ein Baum am Wasser,
in deinen Höfen gedeiht er.

Hohe Zeder, so alt und wehrlos,
du wirst wieder blühen
jung und grün.

93

Kein König unser Gott,
kein Wahlspruch, keine Fahne,
kein Boden und kein Blut,
kein Gott als du allein.

Das Meer erhebt seine Stimme,
die Fluten bäumen sich auf –
hochdrüber steht der Name,
der Sturm und Fluten trotzt.

Von Ewigkeit dein Wort
wie ein Kompass untrüglich.
Du sprichst uns in der Zeit
einen Weg, der nicht verweht.

94

Gott der Rache, erscheine,
ruft dieser Psalm verzweifelt.
Steh auf, Richter der Erde.
Wie lang duldest du noch das Morden?

Gott der Rache, warum nur
triumphieren die Schänder,
missbrauchen sie unsere Kinder,
würgen den armen Streuner?

Gott der Rache, wie rächst du
deine weggeworfenen Menschen?
Siehst du nicht, was geschieht?
Er sieht nichts, höhnt der Schänder.

Dummkopf, wer gab dir Ohren,
wer gab dir Augen? Und Er soll
nicht wissen? Doch warum schweigt Er?
Gott der Rache. Erscheine.

*

Süß wie der süßeste Honig
ist die Rache Seines Wortes,
das wahr ist und mutig, vollmächtig,
eine neue Welt zu gewinnen.

Es wird als Saat in die Erde
fallen – sterben – und keimen.

Es wird aufstehen in Menschen,
die dem Bösen widerstehen.

Es wird zur Einsicht werden,
zu Mitleiden und Rechtspruch.
Menschen werden es wissen,
über das Chaos hinaus.

Kraft, die das ärgste Unrecht
wird vergelten mit so viel Gutem,
dass es dem Schänder ergehen wird
wie der Luftblase im Feuer.

Der du deine Gemeinde herausrufst
hier und sonst wo auf der Welt:
Sei in deinem Wort anwesend,

gewöhne uns die Rache ab.

95

Der Fels unsrer Rettung
bist du.

König, mächtiger als alle Götter – du.
Abgestiegen in die tiefsten Abgründe – du.

Die Erde trockengelegt hast du,
eigenhändig
die Berge gegründet.

Müssen wir das heute noch besingen,
triumphierend und schallend?

Der Fels unsrer Rettung bist du?
Wir sind in neue Jahrhunderte eingetreten,
räumen Schutt, zählen die Leichen.

Wäre es nur wahr,
dass wir es noch glauben könnten.
So wie eine Herde kennt
den Gang und die Stimme ihres Hirten.

Der Fels unsrer Rettung
bist du.

Du lässt nicht ab. Du sagst in lautloser Sprache:

»Verhärtet euch nicht.
Die bitter werden,
finden keine Ruhe.«

96 (Niederländisch)

Zingen, heel de aarde,
een nieuw lied?

Schreeuwen, vloeken,
het oude lied van oorlog
martelen, hakken, onthoofden:
de schreeuw van de kleinste god.
Machteloos strompelt hij
tussen de lijken van de namelozen
weeklagend.

Zingen heel de aarde,
een nieuw lied?

Ooit in vergeten tijden
was hij machtig, onwankelbaar tronend,
schiep juichende zonnen en zeeën:
zes dagen van Grote God.
Nu strompelt een zwarte vlek
tussen de graven van de namelozen
weeklagend.

Zingen, heel de aarde,
een nieuw lied?

96

Die ganze Erde
singe ein neues Lied?

Schreien, fluchen,
das alte Lied vom Krieg,
quälen, hacken, enthaupten:
der Schrei des kleinsten Gottes.
Machtlos stolpert er
zwischen den Leichen der Namenlosen
wehklagend.

Die ganze Erde singe
ein neues Lied?

Einst in vergessenen Zeiten
war er mächtig, unwandelbar thronend,
schuf jauchzende Sonnen und Meere:
sechs Tage des großen Gottes.
Nun stolpert ein schwarzer Fleck
zwischen den Gräbern der Namenlosen,
wehklagend.

Die ganze Erde singe
ein neues Lied?

97

Gott ist Er allein.
Feuer geht Ihm voraus,
Blitze über die Erde.

Die Erde hat es gesehen.
Die Erde wand sich und stöhnte
wie eine gebärende Frau.

Berge schmelzen wie Wachs,
Tote leben, Götter
flüchten, wo Er erscheint.

Todgeweiht ein Mensch,
der vor Bildern kniet.
Gott ist Er allein.

Wer das Unrecht hasst,
ist von Ihm gekannt –
Er bewahrt dein Herz.

Deinem Herzen sagt Er:
Wenn du Recht tun übst,
wird die Erde neu,

wenn du Liebe tust,
wird das Licht gesät.
Fürchte dich nicht, Ich-mit-dir.

Gott ist Er allein.
Feuer geht Ihm voraus,
neues Licht über der Erde.

98

Genug gesungen für Ihn.
Neue Gesänge genug.
Nun will ich ein Wunder.

Zwei Hände, die Fesseln lösen,
zwei Arme um mich hin.
Nun will ich Ihn endlich sehen:
zwei Arme hin um alle
Krieg führenden Völker –
seine rechte Hand Wunden heilend,
seine Linke austeilend Wasser und Brot.

Plötzlich steht vor den Augen der Menschheit
ein rettender Engel,
und Herrlichkeit des Neubeginns
strahlt von ihm aus –
nun erklingen Töne, die nie vorher erklangen,
himmlische Harfen, bronzenes Sonnengeläut.

Nun singen auch die Weltmeere mit,
in allen Sprachen erdröhnen die Berge,
klatschen und flöten die Flüsse,
posaunt es der Kosmos einmütig.

Denn morgen wird kommen der Kommende,
denn heute ist Er geboren –
und Recht wird er sprechen,
ein Recht, das nicht krumm ist.

Erhöhung aller Erniedrigten,
auf Erden Frieden.

99

König werden – wer will das?
Er will das: Gott-Ich-werde
ist König geworden. Völker der Erde,
schaudert und singt von Glück.

Denn nicht um zu thronen im Licht,
höchstes Wesen, dreimal heilig,
ist Er König geworden,
sondern wegen der Menschenrechte.

Um auszurufen
das Recht der Schwächsten,
um zu begründen das Recht
der Geringsten der Menschen.

Darum heilig, heilig, heilig,
Dienstknecht-König-Befreier.
Du in der lichten Wolke,
mitgehend, unterweisend.

Um auszurufen
das Recht der Schwächsten,
um zu begründen das Recht
der Geringsten der Menschen.

100

Ich-werde ist der Gott –
diese Stimme.

Er hat uns gemacht –
wir nicht ihn.

Er führt uns
durch wüste Orte

zu dem Quell
seines Wortes.

Dank dafür
und gesegnet

du, der du deine Gemeinde
zusammenhältst.

101

Und wieder singen, aber nun
so leise wie möglich.

Ich will die letzte Wahrheit:
dass du zu mir kommst, einst.
Ich werde mich still verhalten,
warten in meiner innersten Kammer.

Ich dulde nicht *ein* unwahres Wort.
Ich will das reine Tageslicht
ohne Laster, Spott, Einbildung,
Hochmut, Hohn.

Ich will verweilen
im Land der klaren Köpfe,
meine Augen suchen den wehrlos Aufrechten –
gib mir ein durchsichtiges Haus.

Jeder Morgen ein Neubeginn,
Worte, die aufblühen,
wo ich drin wohnen kann, sicher
mit wem denn auch, der mir lieb ist.

Und wieder singen, auch jetzt
so leise wie möglich.

102

Sie bitten nicht, sie kreischen.
Es ist kein Name,
den sie mit ihrem letzten Atem
rufen oder fluchen,
es ist der Tod.

Ihre Augen ausgebrannt,
ach – ihre Gebeine
verflogen als Rauch.

Steppenkrähen,
Eulen in Ruinen.

Es soll ein Thron stehen,
ewige Stadt, Sitz des Rechtspruchs –
von alters her,
von Rettungslosen zu Rettungslosen gesungen,
ein Name, von einem, der hört:
der aus seinen heiligen Höhen
herabsteigt, der sieht,
der niederkniet zwischen den Toten
und weint vor Entsetzen.

Die Weggeführten unzählbar vergessen,
die als Krümel Brot,

als Asche und Rosenblatt Verwehten.

Doch noch gibt es den Namen

und uns, die Ihm
singen und schweigen.

103

— 1. —

Dauern wird die Liebe Gottes
für alle, die sein Wort annehmen
und es vollbringen.

Er ruft mich heraus aus dem Grab.
Meine Jugend lebt auf wie ein Adler.
Allen Bedrückten schafft Er Recht.
Aufragende Liebe.

Er kennt uns. Er vergisst nicht,
dass wir sind: Staub von der Erde.
Sonnenaufgang ist Er, Vergebung,
weit wie der Westen und Osten.

Menschentage wie Gras,
Blumen auf freiem Feld,
der Wind weht, sie sind verschwunden,
wer weiß, wo sie vordem gestanden.

Dauern wird die Liebe Gottes
für alle, die sein Wort annehmen
und es vollbringen.

— 2. —

Du bist du,
Gottheit barmherzig langmütig,
überfließend von Freundschaft und Treue.

Du trägst uns unsere Sünden nicht nach.
Du wirst nicht Böses mit Bösem vergelten.
Größer als alle Sünden bist du.

So wie ein Mann zu seinen Kindern barmherzig ist,
bist du für uns ein barmherziger Vater.

Du kennst uns doch –

104

Du, der hoch wohnt! Also muss ich klettern,
oder lernen nach oben zu fallen, zu dir hin,
den ich wohl Gott zu nennen wage:
so weit dein Himmel blau am Morgen,
so goldumrandet deine schneeweißen Wolken.

Du, der hoch über der Sonne wohnt,
die von rotflammendem Feuer ist,
so muss ich lernen, nicht zu schmelzen.

Der auch über den Wassern schwebt
als Atem – so muss ich wagen,
mit dem Atem zu singen in dir.

Licht. Auf Lichtsandalen bist du gekommen,
Fremdling von den Bergen.
Der über Wolken gleitet und hoch
wie ein Wirbelwind springt,
wandelt neben mir in der Abendkühle.

*

Über unsere Mutter Erde habe ich nachgedacht
und Bücher gelesen: dass sie vor beinah fünf Milliarden
Jahren geboren sein soll und
dass sie sich verfeinert hat
zu Wäldern und Gärten, Wasserfällen und Fontänen –
soll ich einst ein wilder Esel werden oder ein Steinbock,
es wird genug da sein, um meinen Durst zu löschen.

O Wasser, das lebendig strömt,
das Gras ernährt, Brot macht keimen,
Wein macht quellen in den Trauben.
Lehr mich wagen, Wein zu trinken,
der das Herz entzückt,
Brot zu backen und auszuteilen
an alle, die Hunger leiden in der Welt.

*

Und dann die Bäume, die du gesät hast;
hier Birken und Pappeln,
auf fernen Hügeln Zedern und Zypressen,
entlang den Schnellstraßen Ampfer
und namenlose Halme.

Auch rufst du überall Vogelflügel,
und sie kommen.
Manchmal singen sie: »Flieg doch mit.«
Ich muss noch lernen, das Fliegen zu wagen –
hab ich Flügel? Im Bauch meiner Seele
raschelt es von Federn.
Ich frag die Vögel: »Wie lebt ihr?
Habt ihr euch lieb?«

Und dann das Meer, tief und voll,
die fremdesten Mäuler und Formen,
Seegras und Anemonen,
und Drachen, um damit zu spielen.

*

Und all das Lebendige hofft auf dich, mein Freund,
den ich nun plötzlich zögere Gott zu nennen.
Denn wieso Gott? Warst du der Urknall?
Du bist die Stille, in der ich mich berge,
manchmal, in der späten Nacht, am frühen Morgen.

Atmet dein Atem in Menschen?
In all den lebenden Toten, gewappnet,
auf Krieg aus, bang, traurig, böse, unnahbar,
auf Frieden aus, doch wer kennt den Weg des Friedens?

Wer will das das Antlitz der Erde erneuern?
Du, den ich Freund und Fremdling nenne
von den Bergen? Ja du, mit mir zusammen.

Du musst schon kommen, schnell, wegen all der alten
Menschen,
die ihr geliebtes Land brennen sahen,
so ohne Gott, komm trösten,
lass es nicht dauern bis zu ihrem Tod.

*

Und für unsere Kinder, so süß und klein noch,
es wäre schön, wenn sie deine Schritte hören,
dein Pfiff »hier bin ich«. Wer? Freund Gott!

Da kommst du um die Ecke der Dämmerung
oder die leuchtend blaue, die rote Ecke des Mittags,
notfalls die pechschwarze der Nacht –
aber du kommst, und du sagst zu all den Kindern
hier beisammen:

Guten Tag du und du,
hallo Mädchen, hallo Jungen,

und nennst ihre Namen.

Und sie werden wach
und sie werden es niemals vergessen.

105

Ich werde an den Ohren gepackt,
zurückgeflogen
in unvordenkliche Zeiten;

ich schleiche mit, in einer Schar,
die langen Gänge von Angstland
bis über die Schwelle: Da winkt
Weite, Freiheit, Wüste.
Ein Ziegel wird von meiner Schulter gewälzt,
ich brauche das unmöglich Schwere
nicht mehr zu tragen.

Unerhörte Geschichten!

»Wir riefen: Gib uns zu essen,
und er ließ Wachteln kommen.
Es taute Brot aus dem Himmel.
Er brach die Felsen auf,
da gurgelte Wasser in Strömen
mitten in der Wüste.«

Wunder über Wunder!

Gott des Abraham, Gott des Isaak,
Gott des Jakob und Mose.

Der, wenn wir schreien, HÖRT.
Der uns das Bittere süß macht.

Der Schoß, der uns gebar,
der Name, der uns trägt.

106

Was geschrieben steht, wird an uns erfüllt:
Aus dem Sklavendienst schrien sie empor,
und Er hörte, sah, kannte, stieg hinab.

Die von damals sind wir, Schreie von jeher.
Der von damals ist Er, unbescholten neu.
Er beginnt mit uns einen unbedingten Weg,
kommt uns entgegen mit seinem weisenden Wort –
sollen wir oder sollen wir nicht –
mitgehen in diesem Licht?

Höre die alte Erzählung.

*

Er ging vor unserem Angesicht her,
des Tags in einer Wolkensäule,
um uns auf dem Weg zu leiten,
des Nachts in einer Feuersäule,
um unseren Weg zu erhellen.

Er trieb das Wasser zurück, die ganze Nacht,
durch einen Sturm aus dem Osten.
Das Meer fiel trocken, wir gingen,
das Wasser stand wie eine Mauer.

Und es geschah,
als die Morgenwache angebrochen war:
Ich, Mose, streckte die Hand aus über dem Meer,
und gegen Morgen kehrte das Meer
zurück an den Platz wie vorher.

So hat Ich-werde uns befreit
aus der Hand vom Angstland Ägypten.

Damals habe ich geweint und gesungen,
lauthals von Herzen gesungen:
»Hocherhoben ist Er,
Ross und Reiter warf Er ins Meer.«

*

Es dauerte nicht lang und wir waren
wieder verhärtet vor Hitze und Durst,
drei Tage weit in der Wüste.

Wir kamen nach Mara, aber konnten
nicht trinken, das Wasser war bitter.
Sie waren widerständig: Was sollen wir trinken?
Süß wurde das Wasser. Sie waren widerständig:
Hast du uns in diese Wüste geführt,
dass wir hier sterben vor Hunger?
Er gab uns Fleisch am Abend.
Er gab uns Brot am Morgen.

Wir kamen zu dem Massiv,
dem Felsengebirge von Horeb.
Da war kein Wasser. Sie fluchten:
Dein Gott ist gar kein Gott.
Ich, Mose, streckte meine Hände aus,
schlug an den Felsen und es geschah:
Zehn Ströme sprangen hervor.

So prüften wir Ihn:
Geht Er in unserer Mitte,
»Ich-werde-da-sein« – oder nicht?

Sie formten ein Kalb aus Gold
und riefen: »Du unser Gott –
führ uns zurück in den schönsten
Landstrich der Erde, Land Gosen,
in das gastliche Ägypten
mit seinen Fleischtöpfen, so nahrhaft.«
Da streckte ich, Mose, die Hände empor,
dass wir Gnade fanden
in seinen Augen, Vergebung.
Ich-werde-da-sein stieg herab,
erbarmend, gnädig, langmütig.

*

Jahrhunderte gingen vorbei,
von Dauer war keine Bekehrung.

Ich-werde-da-sein. Freund Gott.
Erbarmend, gnädig, langmütig.

Aber wir wollten andere Götter
von Gold und Silber und Großsprecherei.

So ging es und geht es noch heute
und wird auch so weitergehen,
wenn wir seine Worte vergessen,
wenn wir seine Weisung nicht einprägen
unserem Gewissen, stets wieder,
abends und morgens, allzeit neu.

Bis zum Ende der Zeiten.

107

»Dank sei Ihm. Er ist gut.
Er ist ein Freund fürs Leben.«
Wie habe ich das singen können –
ich war in der Hand meines Quälgeistes.
Du befreitest mich, sodass ich singen konnte:
»Dank sei Ihm, Er ist gut,
der uns aus allen Ecken der Erde
versammelt unter einer Sonne.«

*

In Wüsten irrten wir umher,
konnten keinen Wohnplatz finden,
siechten dahin vor Hunger und Durst,
ängstlich wimmernde Seelen.
Da bahntest du einen gangbaren Weg,
sodass wir einen Wohnplatz fanden
in einem Bereich von Brunnen
inmitten von Weizenfeldern.

*

Wir wohnten im Dunklen, im Schatten des Todes
in eiserne Ketten gefesselt:
Wir hatten deine Worte verspottet,
uns taub gestellt gegen deine Stimme.

Dann hat dich einer gerufen,
dann noch einer, und dann wir alle.
Dann bist du gekommen und hast
das Eisen mit Händen zerbrochen.

Wir wurden verrückt von uns selbst,
todkrank von unserem Lügenleben:
unser Wegschauen zur anderen Seite,
unser Nicht-wissen-Wollen, unser Mittun.
Dann hat aus unserer Mitte einer
geschrien, in Todesnot, du hörtest,
du kamst, du standest an der Gruft
und sagtest: Ich sage dir, steh auf.

*

Wir wollten die Meere befahren,
Wunder sehen, und wir sahen sie!
Das Aufkommen von Orkanen,
die hohe Flut des Wassers –
Wellen stiegen zum Himmel,
stürzten nieder in den Abgrund.
Und wir taumelten und schrien.
Und der uns hörte, warst du.
Du gebotest den Winden,
die Wellen erstarben und schwiegen,
du führtest zum sicheren Hafen
die nichtigen Kinder des Adam.
Wir kommen zusammen und singen:
»Ein Freund fürs Leben bist du.«

*

Flüsse, manchmal trocknen sie aus,
Oasen werden Wüstensand,
blühende Äcker versalzen.
Man denkt gern: »Er steckt dahinter.«

Doch manchmal verwandeln sich Wüsten
in Meere voll Wasser, blau,
und wird das Bittere süß –
ist es deine Hand, die das tut?

*

Hungerleider gründen eine Stadt,
um dort mit dürstenden Mädchen zu wohnen.
Wir pflügen, säen und ernten,
gebären, und werden gar viele.
Nichts waren wir, niemals und nirgends –
sie sagen, dass du uns segnest.

Aber andere segnest du nicht?
Nein, Schufte und Schänder nicht.

Die die Armen verkaufen,
den Fremdling verfolgen
bis ins dritte Geschlecht,

die segnest du nicht, denen sagst du:

Mir aus den Augen, Verfluchte,
bekehrt euch, fangt neu an.

108

Aufgestanden ist mein Herz,
Harfe und Flöte sind erwacht.
Wir spielen den Morgen wach:
Willkommen, heutiger Tag.

Wir werden was tun an der Welt,
frei atmend, singenderweise:
dass Feindschaft verstummt,
dass die Waffen schweigen.

Vom Nordpol bis hier
und von hier bis zum Südpol
komme eine neue Zeit,
kommen neue Geburten.

Aufgestanden ist meine Stimme,
Harfe und Flöte klingen zusammen,
Hunderttausende singen:
Willkommen du, Morgenrot.

109

Schweig nicht, Gott meines Liedes.
Lügner stehen wider mich auf,
aus aufgesperrten Mäulern
trifft mich ihr Reden voll Hass.
Es ist Krieg, auf einmal.
Derweil ich flehe um Frieden,
stürmen sie an, Gewehre geschultert.
Hör, wie sie toben:

»Schlepp ihn vor das Gericht,
dass er zum Tod wird verurteilt.
Kauf einen Mörder ein,
der ihn umlegt,
mach seine Liebste zur Schandfrau,
seine Söhne zu Bettlern,
plündere seinen Hof,
steck in Brand seine Ernte,
überlass ihn gnadenlos der Horde,
den Kindern seiner Kinder,
mähe ihnen den Kopf ab,
verfluch seine Mutter, seinen Vater,
sag: Er war ein Dieb der Armen,
ein Schänder von wehrlosen Kindern,
ein Verflucher der Liebe.«

Hör, wie sie toben.

Du weißt es besser. Du weißt.
Sag etwas, rette mich.

Mein Herz ist eine blutende Wunde,
mein Leib ein Schemen,
wie eine Heuschrecke wurde ich weggefegt,
wie einer, den es niemals gab.

Hör sie rasen und lärmen.

Bei dir ist Wahrheit und Segen.
Du segnest mich wegen der Liebe,
die, in mir gesät, zum Blühen kommt,

dass ich soll geben,
teilen mein Leben
ohne Bedenken.

Gib meiner rechten Hand Tatkraft,
meiner linken Hand Liebe.
Blase ein Lied in meinen Mund.

Du ergründest mein Herz und du kennst mich.

Du weißt. Und ich weiß von dir.

110

Wort von Gott-ich-werde:

Sitze zu meiner Rechten.
Heute bist du geboren
aus dem Schoß von Licht,
um ein Segen zu sein
für alle Völker der Erde.
Einst in meiner Sonnenlichtstadt
wirst du demütig thronen,
wenn der letzte Feind
liegt zu deinen Füßen.
Dann wird endlich Friede
»alles-für-alle« sein:
Und du, neuer Melchisedek,
gehst herum mit Brot und Wein.

Ich träumte: Er sprach zu mir,
ich sei vor Zeiten geboren,
um ein Segen zu sein
für Blinde, Taube und Tote.

Wie geschrieben steht.

Erwacht in der Tiefe der Nacht,
suche ich meinen Weg, zögernd

trinkend aus dunklen Quellen
heb ich mein Haupt zu dem Licht.

111

An deinen Taten, Gott-ich-werde,
habe ich dich stets wieder erkannt:

»Ich werde – Erbarmen und Treue«,
um zu befreien, wo möglich,

dass du nie weggelaufen bist
von deinen verstockten Menschen,

dass du Ordnung schaffst im Chaos
dieser verblendeten Welt,

dass du uns bedingungslos festhältst,
das ist dein Name, dein Grundsatz.

Wo sag ich dir meinen Dank?
In der Versammlung der Menge?

In deiner lieben Gemeinde
werde ich mich tief vor dir neigen.

112

Du wolltest glücklich sein:
kräftig, heiter, aufrecht,
gute Arbeit, gut wohnen, etwas Geld,
nett gefunden werden,
lieb, die große Liebe finden,
Kinder kriegen, gesunde, schöne.
Das alles wolltest du – wer nicht?

Willst du auch gut sein, verlässlich,
treu, gerecht, mitfühlend?

Eine düstere Sache ist die Welt,
aber da sind Menschen des Lichts.

Gierig, grausam, selbstsüchtig dieser und jener,
aber da sind Menschen, die geben und teilen.

Da ist Böses, unbändig Böses, unaufhaltsam,
aber da sind Menschen, die Verdammnis durchbrechen.

Da sind Worte gesprochen,
die wirken zum Guten, die dein Herz stärken,
dein Gewissen schärfen.

Glücklich, wer sie sucht, um zu hören,
und lebt, sie auch zu tun.

Ein böser Mensch wird niemals glücklich.

113

So hoch du thronst in den Himmeln,
so tief beugst du dich nieder, um zu sehen,
so tief, um zu sehen diese Erde.

So weit wie der Osten und Westen
möge aufklingen der Lobgesang.

Über die Scharen der Völker hinaus
bist du erhaben,
hoch über allen Himmeln Licht.

Nicht die Sterne
loben und preisen deinen Namen.
Wohl aber Menschen, die deinen Namen vollbringen
und knien bei ihren notleidenden Nächsten.
Nicht aufgehende Sonnen,
nicht mildscheinende Monde,
sondern deine Dienstknecht-Menschen,
die dem Fremden entgegengehen,

loben und preisen deinen Namen.

Wohnst du im Himmel? Du wohnst in ihren Herzen –
sie zerren die Erniedrigten aus dem Elend,
die Verstoßenen zerren sie hoch
aus dem Staub der Erde
und laden sie ein an ihre Tische.

Frauen, unfruchtbar,
werden Mütter von Töchtern und Söhnen.

Sie loben und preisen deinen Namen.

114

Als Israel auszog aus Angstland,
des Jakobs Geschlecht aus dem Kauderwelsch-Volk,

wurde Juda sein heiliges Land,
Israel sein Besitztum.

Das Meer, das es sah, floh davon,
und der Jordan zog sich zusammen,

die Berge tanzten wie Widder,
wie junge Lämmer die Hügel.

Was war da, Meer, dass du fliehen musstest,
du Jordanfluss, dass du zurückwichst?

Ihr Berge, dass ihr tanztet wie Widder,
ihr Hügel wie Schafe und Ziegen?

Erde, rüttle und bebe
vor dem Antlitz dieses Gottes,
des Gottes Jakobs, des Einen,

der aus steilen Felsen kühle Meere macht,
der aufblühen lässt an Betonmassiven

Blumenfontänen.

115

Das ist die Frage: Wo ist Gott?
Bei Ihm allein liegt die Antwort.
Uns kommt sie nicht zu.
Da, wovon wir nichts wissen,
»in seinem Himmel« ist Er.

Götter genug, von Silber und Gold –
Münder, doch ohne Worte,
Augen, die dir nicht winken,
Ohren, die doch nicht hören,
Nasen, in denen kein Atem,
Hände, die nicht tasten und streicheln,
und kein Schrei kommt aus ihren Kehlen,
große Füße – doch kein Weg, um zu gehen.
Mausetot sind ihre Erfinder.
Wähn dich nicht sicher bei Nichts.

Doch du bist mein Helfer, Gegenüber,
der mich ansieht. Du von den Zehn!

Die zehn überwältigenden
wachstoßenden leuchtenden Worte.

Von Gott-Ich-werde ist der Himmel –
allen Kindern der Menschen aber
hat Er die Erde gegeben.

Nicht die Toten singen,
nicht in ihrer Stille die Toten,
doch wir Lebenden, die noch leben.
Komme, was kommt.

116

Ich habe dich lieb,
Lauschender Zugeneigter,
der mir zugewandt,
meinen murmelnden Lippen,
meinem Mund der schreit,
dem, der im Tod ist,
der aus der Hölle ruft
dich, den Namen, der du bist,

höre, meine Seele in Flammen,
die zu dir flucht und fleht,
stocktauber Gott,
allmächtige Taubnessel,
lauschst du? Was hörst du?

Schreie am Kongo
an der Elfenbeinküste?
Und mich, so bitter
und böse, wie ich bin?

Meine Seele möge fliegen
durch Tränenschauer
über Todesflächen hin
nach einem Ruheplatz
im Land der Lebenden.
Weißt du noch, du,
wie wir begonnen haben,
als ich herauskam
aus dem Schoß deines Mädchens.

Ich habe dich lieb, Zugeneigter,
will nie mehr einsam sein
zum Ende hin.

117

Gesegnet du
allüberall auf Erden
O lieber Gott und Freund
der uns umfängt

der war und ist und kommt.

118

Dank sei Ihm, Er ist gut.
Er ist ein Freund fürs Leben.

Ich war verzweifelt, ich rief
du da, und Er gab Antwort.
Ich atmete auf wie nie zuvor,
mir war nicht bang mehr, vor keinem.

Besser sich bergen bei Ihm,
als zu vertrauen auf Menschen.
Besser zu hoffen auf Ihn,
als zu vertrauen auf Macht.

Eine Horde umkreiste mich,
stand gegen mich, schloss mich ein.
Bremsenschwärme, sengendes Feuer,
ich rief seinen Namen, sie verwehten,
ich rief – und es wehte aus.

Und in mir sang ein altes Lied:

»Deine Rechte, o Adonai,
hoch erhoben, befreite uns,
trieb uns ins tiefe Meer:
Wie eine Mauer stand das Wasser.
Rief der Feind: ›Ich verfolge sie‹,
schicktest du deinen Sturm des Atems:
Wie Blei versunken sind sie
in der anstürmenden Flut.«

Öffne die Türen für mich,
ich, der so hart geschlagen,
will danksagen, dass ich noch lebe,
will nicht tot sein, werde leben.

Der Stein, den kein Maurer
konnte brauchen, wurde Eckstein.
So ist es geschehen von Gott her –
begreifen werde ich das nie.

Das ist der Tag, der musste kommen.
Festtag, sonnenübergossen,
Tag von Befreiung und Aufstehen,
Tag voll Singen und Dank.

Dank sei Ihm, Er ist gut.
Er ist ein Freund fürs Leben.

119

— 1. —

Glücklich alle, die deine Wege gehen,
die stets Recht tun gemäß deiner Tora.

Glücklich alle, die die Absprache einhalten,
die dich suchen aus ganzem Herzen.

Sei glücklich, tue das Unrecht nicht,
hast du gesagt. Und ich vernahm deine Stimme.

Tu dies und das, so und nicht anders, sagst du,
und ich geh den Weg deines Auftrags

doch auf wackligen Füßen, ich muss noch
lernen, diesem Lebensweg zu folgen,

deine vorgeschriebenen Worte zu halten –
möge ich nie in Schande dastehen.

Lass mich die Ordnung deines Rechts durchschauen,
ich werde dir dankbar sein.

Kämpfen will ich, wofür du kämpfst.
Weiche nicht zu weit von meiner Seite.

Vers 1–8

— 2. —

Du willst, junger Mensch, einen reinen Weg?
Dann achte auf ihn gemäß seinem Wort.

Mein Herz, das ihn sucht,
irre nicht ab von seinem Wort.

Damit ich nicht fremdgehe, Wort,
berge ich dich in meinem Herzen.

Lehre mich tun, was getan werden muss,
»Ich-werde-da sein«, du, sei gesegnet.

Meine Stimme kommt bei den Worten nicht mit,
die über deine Lippen strömen.

Die Absprachen, die wir trafen,
sind meine Freude und Reichtum.

Deine Weisungen bedenken
werde ich, deine Wege betrachten.

Was du mir sagst, dass gut ist, ist gut –
ich werde dein Wort nicht mehr los.

Vers 9–16

— 3. —

Dein Diener bin ich, lass mich leben,
lass mich betrachten dein Wort.

Mach meine Augen heller, dass ich sehen darf
das Wunder deiner Tora.

Ein Fremdling bin ich auf Erden,
verschweige mir deine Worte nicht.

Dass dein Recht gelten wird, einst, für immer,
danach verlangt meine Seele
mit schauderndem Verlangen.

Doch die deine Worte verhöhnen,
deren Hochmut sei verflucht.

Bewahre mich vor der Schande,
mich nicht an die Absprache zu halten.

Sollten noch so Mächtige sich gegen mich beraten,
ich berate mich, wie ich dir dienen kann.

Deine Worte sind mir Rat und Raum,
Freude und Aufatmen.

Vers 17–24

— 4. —

Meine Seele klebt am Staub.
Hauche mir Leben ein, wie du versprochen hast.

Ich habe dir meine Geschichte erzählt, du hast mich
angehört – sag nun, wie ich gehen muss.

Deinen Weg, deinen Auftrag, dass ich den vollbringe,
deiner Wunder eingedenk.

Meine Seele ertrinkt in Mutlosigkeit,
richte mich auf, tu, was du versprochen.

Drehe den Weg der Lügen von mir weg.
Gewähre mir in Gnaden deine Tora,

dass ich gehe in Treue und Wahrheit,
dein Weltrecht vor Augen,

dass ich mich an unsere Absprachen
klammere – beschäme mich nicht.

Den Langstreckenlauf deiner Gebote
werde ich laufen. Gut für mein Herz.

Vers 25–32

— 5. —

Mach mir deutlich, worauf du hinauswillst,
ich will gehen, so gut ich kann, bis ans Ende,

aber auch begreifen, was geschrieben steht,
Wort und Weisung bewahren im Herzen.

Leite mich entlang deiner ausgemeißelten Pfade,
deiner gebietenden Worte – die allein begehre ich.

Neige mein Herz hin zu den Schriften,
lehr mich lernen – ohne Gewinnsucht.

Alles ist Augen blendende Leere.
Werde ich Leben finden, dir nach?

Befestige, was du mir, deinem Knecht, zugesagt hast,
beschäme nicht meine Ehrfurcht vor dir.

Halt fern von mir, du,
Hohngelächter und schändliche Rede.
Einzig was deine Hand geschrieben hat, ist heilsam.

Gerechtigkeit zu tun – mein Herzenswunsch,
neues Leben finden – schenk mir, so zu leben.

Vers 33–40

— 6. —

Möge deine Freundschaft mir widerfahren,
die Freiheit, die du, Lebender, mir versprochen hast.

Ich werde meinem Spötter Rede und Antwort stehen,
weil dein Wort mich behütet,

dass deine Wahrheit
in meinem Mund nicht verstummt,
dass ich beharrlich ausschaue
nach der Ordnung deines Rechts.

All meine Tage, stets aufs Neue, werde ich
deine Tora behüten, bis in Ewigkeit,

gehen in gutes weites Land,
suchend deinen Auftrag zu vollbringen.

Deine Absprachen werde ich bezeugen
bis vor Könige, ohne Scheu.

In deinen Worten finde ich mein Glück,
sie sind meine große Liebe.

Nach deinem gegebenen Wort
streck ich meine Hände aus,
dein Angebot, das ich bedenke und liebe.

Vers 41–48

— 7. —

Gedenk deines Wortes, gesprochen zu deinem Knecht
– ich bin der Knecht, ich wurde von Hoffnung erfüllt.

Ich ging gebeugt, du hast mich getröstet
mit deinem Versprechen von neuem Leben.

Wie sehr auch erniedrigt und verhöhnt,
mehr als erträglich,
an deiner Tora halte ich mich fest.

Wenn ich deiner ewigen Vision gedenke,
dann finde ich Trost, mein Herr bist du, mein Gott.

Lichterloh brenne ich wegen der Schänder
deiner Tora. Aber dann denke ich wieder

an dein Wort und Gesetz, was du meinst,
und wie weit in der Fremde ich auch bin,
es singt in mir.

Auch in der Nacht vergesse ich nicht deinen Namen
»Ich-werde-da-sein« und tue, was ich muss –

das ist mein Teil des Lebens, das allein:
deinen Auftrag zu vollbringen. Und nichts anderes.

Vers 49–56

— 8. —

Du, Lebender, du bist mein Teil des Lebens.
Ich werde deine Worte bewahren –
versprochen ist versprochen.

Mein Herz verlangt zu sehen
das Leuchten deines Angesichts.
Sei mir gnädig – wie du versprochen hast.

Gehen das wusste ich, aber wohin, das wusste ich nicht.
Dann kehrte ich meine Füße unserer Absprache zu.

Ich bin schnell gelaufen, ohne mich umzusehen,
in die Richtung, die du gewiesen.

Zwischen den Fallstricken deiner Leugner hindurch
bin ich gegangen, deine Tora mein Kompass.

Mitten in der Nacht
steh ich auf, um dir zu danken
für dein leuchtendes Firmament,
deine Ordnung der Gerechtigkeit.

Eins will ich sein mit allen, die dich bekennen:
dass wir zusammen deine Fügung hüten.

Du, Lebender, voll ist die Erde
von deiner Barmherzigkeit –
lehr mich deine Worte, alle.

Vers 57–64

— 9. —

Du hast mir Gutes getan, deinem Knecht,
du, Lebendiger, wie du mir gesagt hattest.

Was gut ist, lehr mich einsehen und vertrauen,
auf deine Gebote will ich bauen.

Ich trieb in Irrtum und Wahn umher, ging zugrunde –
dann habe ich deine Winke verstanden.

Gut bist du, mehr als gut.
Lehr mich Gutes tun, du, der du immer Gutes tust.

Mit Hohnlachen und Lügen wurde ich traktiert,
da habe ich mein Herz deiner Wahrheit zugewandt:

Ihre Seele ist feist und versackt.
Dank deiner Tora bleib ich frisch und intakt.

Doch gut für mich war sie, die Bedrängnis,
ich musste lernen, was gut für mich ist.

Gut, ja besser als Silber und Gold,
als Diamanten tausendfach –
die Worte deines Mundes sind meine Rettung.

Vers 65–72

— 10. —

Deine Hände haben mich gemacht, geformt.
Gib mir Verstand, um deine Gebote zu ergründen.

Alle, die dich bekennen,
werden freudig überrascht sein,
wenn sie mich sehen – wie ich dein Wort erwarte.

Ich weiß: Du, Lebender, du urteilst gerecht,
auch in Bedrängnis warst du mir treu.

Dehne deine Freundschaft auf mich aus, tröste mich,
wie du deinem Knecht versprochen hast.

Dein Erbarmen komme über mich,
ich werde aufleben –
das macht mit mir deine Tora.

Doch Schande komme über die Schamlosen,
die mich beschuldigen und quälen,
während ich auf dich bedacht bin.

Mögen alle, die dich erkennen,
auch mich als ihren Bruder kennen.

Ich bin mit ganzem Herzen bei deiner Sache –
ich werde nicht in Schande dastehen.

Vers 73–80

— 11. —

Meine Seele lechzt nach Befreiung,
voll Spannung warte ich auf dein Wort.

Meine Augen flehen um deine Zukunft,
sie bitten: »Komm doch, uns zu trösten.«

Auch wenn ich ein durchräucherter, eingeschrumpfter
Weinschlauch bin,
werde ich deine Anordnungen nicht vergessen.

Wie viele Tage hat dein Dienstknecht noch?
Wie lang noch haben meine Verfolger?

Sie haben Gruben mir gegraben.
Sie leben nicht nach der Tora.

All deine Gebote sind Wahrheit. Hilf!
Sie jagen mich hoch mit ihren Lügen.

Beinahe hätten sie mich weggefegt von der Erde –
dennoch lass ich deine Worte nicht los.

So voll Erbarmen bist du, dass ich leben und
mich festhalten darf an den Worten deines Mundes.

Vers 81–88

— 12. —

Du, Lebender, für alle Zeit und ewig
steht dein Wort gerade aufrecht im Himmel.

Deine Treue überdauert alle Geschlechter,
die Erde steht, durch dich gefestigt,

durch dich verordnet bis zum heutigen Tag –
alles besteht, dir zu Diensten.

Wäre deine Tora nicht meine Freude gewesen,
wäre ich in meinem Elend versunken.

Niemals vergesse ich, was geschrieben steht,
mein Leben lang nicht – ich lebe davon.

Zu dir gehöre ich, befreie mich.
Ich bitte dich, sag mir, was ich soll.

Schuft und Schänder planen meinen Tod.
Lass mich verstehen, was du sagst.

Ich weiß: Allem ist eine Grenze gesetzt.
Doch grenzenlos weit sind deine Worte.

Vers 89–96

— 13. —

Ich liebe sie, deine Tora,
muss allzeit an sie denken.

Von meinen Feinden werde ich nicht weiser,
wohl von deinen Geboten, die machen mich reich.
Von meinen Lehrmeistern habe ich gelernt,
doch mehr noch von deinen Schriften,
die lehrten mich denken.
Und mehr als von alten Menschen
habe ich von deiner Literatur gelernt:
deine Ordnung zu bewahren.

Meinen Fuß hielt ich fern vom schlechten Weg:
Ich wollte dein Wort bewahren.
Und aus deiner Richtung bog mein Weg nicht ab:
Du unterrichtest mich.

Deine Verheißungen liebkosen meine Zunge,
meinen Gaumen, meine Lippen,
mehr als Honig.

Einsichtig werden mir deine Befehle.
Seitdem hasse ich die Lügen.

Vers 97–104

— 14. —

Dein Wort ist meines Fußes Leuchte,
Licht auf meinem Weg.

Ich hab es geschworen, und das gilt noch,
dass ich dein richtungweisendes Wort befolge.

Ich gehe gebeugt und gebückt. Du, Lebender,
lass mich leben aus der Kraft deines Wortes.

Meine Lippen murmeln zu dir: »Ich soll … ich will …«
Lehr mich dein Recht, du – ja ich will.

Meine Seele liegt auf meiner Hand, so nichtig,
doch deine Tora vergesse ich nicht.

Schuft und Schänder legen ihre Schlingen –
aber abirren von dir? Ich? Ich nicht.

Deine Absprachen sind für ewig
mein Erbteil, mein Herzensglück.

Beugen soll sich mein Herz deinen Worten
und sie vollbringen bis ans Ende.

Vers 105–112

— 15. —

Unentschiedene Leute hasse ich,
deine Tora hab ich lieb.

Auf dich warte ich dauernd,
du, mein Schild, meine Zuversicht.

Schuft und Schänder, hinweg!
Ich gehöre zu den Zehn Geboten.

Stütz mich mit der Verheißung, dass ich leben soll.
Beschäme meine Erwartungen nicht.

Sichere mich, dass ich frei stehen kann,
meine Augen gerichtet auf deine Worte.

Schufte – du höhnst sie,
ihre schlauen Lügen.

Schänder – du verhöhnst sie:
Ausschuss der Erde.

Darum bewundere ich dich.

Du Ehrfurcht Gebietender, dein Urteil …
Schaudern ergreift mich.

Vers 113–120

— 16. —

Recht und Gerechtigkeit hab ich geübt.
Gib mich nicht preis den Unterdrückern der Armen.

Steh ein für deinen Dienstknecht, für Frieden –
erspare mir ihre brutale Gewalt.

Meine Augen dürsten nach der Befreiung.
Dass ich Gerechtigkeit schaue, dein Wort sich erfüllt.

Freundschaft gewähre deinem Knecht,
sag ihm, was gut ist, lehr ihn Liebe.

Ich bin dein Knecht, mache mir das klar.
Präge sie mir ein, all diese Gesetze.

Du, Lebender, komm zu Taten – höchste Zeit.
Deine Tora liegt in Scherben.

Doch ich liebe sie, deine Gebote, alle,
mehr als Gold und die teuersten Metalle.

Deine Schriften, ich habe sie geprüft, sie sind gut.
Doch wie hasse ich ihre Lügengeschichten.

Vers 121–128

— 17. —

Unsere Absprachen – Wunder sind es.
Ich will mich daran halten, mit ganzer Seele.

Dein Wort – ein offenes Fenster, wo Licht herausfällt:
unwissende Menschen sehen und begreifen.

Ich sperre meinen Mund weit auf vor Hunger
nach deinen Geboten, alle zehn.

Wende dich mir zu, erbarme dich.
Deinen Namen habe ich lieb – tue mir recht.

Stufe für Stufe erklimm ich die Worte,
mir angesagt – lass kein Unglück
über mich kommen.

Löse mich aus, kauf mich frei aus Unterdrückung,
dass ich bleibe bei dem, was geschrieben steht.

Lass leuchten über mir dein Angesicht.
Die Worte, die geschrieben stehen, lege sie mir aus.

Meine Augen strömen über wie Bäche
wegen einer Welt, die dein Wort nicht will.

Vers 129–136

— 18. —

Du, Lebender,
Unbedingter, Lauterer.

Ordnung Schaffender, Freigebiger,
in allem Verlässlicher.

Umsonst habe ich für dich geeifert,
den Kürzeren gezogen gegen den Feind,

der dein Wort leugnet, das erprobte,
das ich liebe, dem ich diene.

Ein Nichts bin ich, missachtet –
untreu war ich nicht.
Und was ich weiß, das weiß ich:

dass deine Gerechtigkeit ewig ist,
deine Tora unfehlbar

und dass ich in Bedrückung und jedweder Not
das noch habe, wie einen Atemzug.

So hast du es für alle Zeiten geschrieben.
Dass ich dies ergründe. Dann würde ich leben.

Vers 137–144

— 19. —

Mein Herz ruft dich, du, Lebender, ich werde
durchhalten, ja, deine Worte tun.

Rette mich, ruf ich, ja, ich werde
mich halten an unsere Absprache.

Ich wecke die Morgendämmerung mit meinem
 Schreien,
sehne mich nach deinen Worten,

tue kein Auge zu, die ganze Nacht nicht,
denke, überdenke deine Zukunftsvision.

Höre meine Stimme, entfalte deine Freundschaft,
lass mich leben, wieder leben,

halte mich fest, du, Lebender, da sind sie,
ganz nah, die Schänder deiner Tora.

Aber du bist dicht bei mir, unfehlbar treu
ist dein gegebenes Wort.

Ich weiß: Sie stehen
für alle Zeiten geschrieben.

Vers 145–152

— 20. —

Sieh mein Elend nicht nur an,
komm befreien, ich habe nie
deine Tora weggelegt.
Verteidige mich, lass mich frei gehen,
schenk neues Leben –
versprechen schafft Schuld.

Für die Schufte kein Heil,
für die Schänder kein Heil.
Was kann es sie kümmern,
dein Wort.
Doch mich – so oft schon warst du mir
»Ich-werde-da-sein«.
Schenk mir mein Leben.

So oft schon standen sie gegen mich auf,
doch ich weiche nicht von deinem Wort.
Zuwider sind mir die Verräter deines Traumes,
der Vision, die ich hege und liebe,
liebe wie den Namen Ich-werde-gnädig-sein.
Schenk mir neues Leben, sei Freund.

Ich hab sie gezählt, deine Worte, und die Summe
ist Treue, Gerechtigkeit, Wahrheit,
ewige Liebe.

Vers 153–160

— 21. —

Könige jagten mir nach. Machte mir nichts.
Doch vor deinen Worten – ich zittere.

Dein Versprechen stimmt mich fröhlich,
ein großer Schatz.

Lügen hasse und verachte ich,
deine Tora liebe ich.

Siebenmal, jeden Tag,
rühme ich deine Rechtsordnung.

Liebe zu deiner Tora
ist Friede, tief erfahren –
nichts bringt mich mehr zu Fall.

Du, Lebender, auf dich warte ich,
ich will sie – deine Gebote.

Mein Herz wacht über unsere Absprache,
unsere Liebe,
über alles, was geschrieben steht,

mein Lebensweg liegt offen vor dir.

Vers 161–168

— 22. —

Sind meine Schreie zu dir gedrungen,
du, Lebender,
bis vor dein Angesicht?
Lass es mich wissen,
getreu deinem Wort:
Meine Bitten,
sind sie bei dir angekommen
bis vor dein Angesicht?
Komm befreien,
du, Verheißender.

Soll ich ein Lied für dich singen?
Es strömt schon über meine Lippen.
Du hast es mich selbst gelehrt.

Mit einer Zunge von Feuer
sing ich deine Zukunft,
deinen Auftrag, deine große Ordnung,
dein Königreich, das kommt –
all deine Gebote sind Gerechtigkeit
und du bist Liebe.

Wie sehr verlangt es mich,
mein eigenes Lied zu machen
von deinen Worten.
Wird deine Hand mir dabei helfen?
Solltest du bei meinem Mund sein,
du, Lebender,
mit dem Atem deiner Tora?

Wird meine Seele leben,
dich singen?

Wird deine Ordnung,
deine Vision mich – was?

Ich irre umher,
ein blökendes Schaf.

Such deinen Knecht,
der keinen Tag,
keine Stunde kann
sein ohne dich.

Vers 169–176

120

Bist du da, rufe ich.
Ja, hier bin ich, antwortest du.

Reiß mich weg
von ihren wohlgeformten Lippen,
Süßholzraspler voll Verrat.

Zungen von brennendem Schilf,
schnelle Pfeile, scharf geschliffen.

O weh mir,
hier an diesem Lügenort,
wie lang noch muss meine Seele
hausen in den Zelten der Hasser.

Sie hassen Frieden,
doch ich will Frieden.
Sie wollen Krieg.
Ich will Frieden.

Bist du da, rufe ich.
Ja, hier bin ich, antwortest du.

121

Kommst du hoch von den Bergen,
mir zu helfen –
was sehen meine Augen?

Den Schöpfer von Erde und Himmel,
meinen Helfer,

das weiß meine Seele,
das weiß mein Fuß, der nicht wankt.

Er wird nicht schlafen, Israels Hüter.
Er wird mich hüten, ich geh in seinem Schatten:
kein Sonnenstich am Tag,
und nachts keinen Schlag vom Mond.

Er wird deine Seele bewahren,
ist mir gesagt.

Ich gehe meinen Weg,
komm sicher an.

Mein Helfer ist der Name,
der Schöpfer von Himmel und Erde.

122

Begeistert, ja entzückt
war ich, als sie mich riefen:
Wir gehen zu dem Haus, von – du weißt ja.
Und ein weniges, und meine Füße
stehen in deinen Toren, Stadt!

Jerusalem, hohe Festung,
Häuser Schulter an Schulter,
fest gefügt, ein Ganzes,

dorthin die Stämme, die zwölf,
die Stämme von Gott dem Einen,
um Zeugnis zu geben von Ihm,
Dank zu bezeugen dem Namen.

Da steht der Stuhl des Rechts,
da steht der Tisch der Armen.

Dieser Stadt sei Friede,
Friede in ihren Mauern
und draußen rundum in den Feldern.
Stadt des Friedens, schwarzes Profil
gegen aufhellenden Himmel.

Wegen der ganzen Welt
sag ich: Friede für dich.
Und wegen unserer Kinder
singen wir: Friede für dich.

123

So wie mein Kind von fünf
mit großen Augen zu mir schauend,
jede Bewegung verfolgend,

sieht mein Gesicht sich verhärten,
wenn ich Auge in Auge steh
mit den Verächtern des Fremdlings,

und wie ich beim Anblick der Welt
blind vor Tränen mich niederwerfe
vor dem Thron von Recht und Frieden,

so, denk ich, siehst du mich auch.

124

Wäre Er es nicht gewesen,
Israel, sag es, und noch mal –

wäre Er nicht für dich gewesen,
als Menschen sich gegen dich kehrten,

wäre Er nicht da gewesen,

sie hätten dich lebend verschlungen,
verzehrt in dem Feuer von Hass.

Die Flut hätte dich mitgerissen,
der Sturzbach hätte dich zerschmettert,

begraben wäre deine Seele
unter den brausenden Wassern.

Gesegnet, der dich nicht preisgab
ihren zerfetzenden Zähnen.

Wie ein Vogel entkam deine Seele,
entkam den Netzen der Fänger.

Strick entzwei,
du bist frei –

deine Hilfe steht in Seinem Namen,
der Himmel und Erde gemacht hat.

125

Wer treu ist deinem Wort,
steht wie ein Berg
und fällt nicht um.

Du stehst
wie Berge um deine Stadt,
Friedens-Hauptstadt
der kommenden Welt.

Da soll der faule Kompromiss
nicht herrschen.
Da schwingt nicht Feigheit
das Zepter.
Da soll das Recht geschehen
in Demut.

Tu gut den Guten, du.

Allzeit wird es die geben,
die wählen brutale Gewalt.
Ich will gehören zu deiner Friedens-Welt.

Von jetzt an.

126

Erzählung und Lied

— 1. —

Als Gott uns heimbrachte
aus der Gefangenschaft,
das war ein Traum.

Tausende kehrten zurück,
42.360 Männer
mit ihren Frauen und Kindern.

Ich war einer der Männer.
Hier folgt mein Bericht –
wo hat es begonnen?

Israels erster König,
Saul, der Unglückliche, und nach ihm
David, der Legendarische, und dann
das samtweiche Kind von Batseba,
der verfeinerte Literat
»tränke mich mit den Küssen
deines Mundes –
Eitelkeit der Eitelkeiten«,
Salomon, Liebhaber der Frauen
aus allen Völkern, und ihrer Götter.

Als er starb, sprach Rehabeam, sein Sohn:
Hat mein Vater euch mit Tauen geschlagen,
werde ich euch züchtigen mit Skorpionen.
Und so geschah es, und so blieb es
vier Jahrhunderte.
Amos brüllte. Elia schrie
gegen Achab und Izebel und ihren Baalspropheten.
Israel wollte nicht hören, Juda verstockte,
Jerusalem, so hochgestellt,
donnerte in den Abgrund.
Nebukadnezzar schleppte uns weg
nach Babel, zurück zum Anfang.

O erstickende Kolonie der Verbannten
an den Strömen von Kebar.
Ich war sieben, suchte Zuflucht
im Lehrhaus des Ezechiel,
des visionären Priesters,
lernte Buchstaben lesen, Worte formen, den Namen.

Vierzig Jahre später war es mit Babel dann aus.
Im Namen des Kyrus, des neuen Weltenherrschers,
kamen Boten, um uns zu melden,
dass wir bleiben konnten oder gehen.

Geh du, sprach Ezechiel,
so wie einst Abram ging.

Zurück nach Juda,
baue die Stadt wieder auf.

*

Meine Eltern, steinalt, angepasste
Einheimische, mein ältester Bruder ein großer
Götterbildverkäufer, meine eigenen
Kinder, überzeugte Assimilanten,
tüchtig im Bankwesen:
Lebt wohl, Vater, Mutter, Töchter, Söhne,
leb wohl, Babel – Knebelhaus, groß
und mitreißend will ich leben
noch einmal.

Du bist verrückt, sagte die Familie.
Ja, ich bin verrückt, darum geh ich.
Ich lief vier Monate.

Kam ich durch das verkohlte Stadttor
nach Jerusalem hinein,
kletterte ich über Trümmerhaufen,

sprach ich den Namen aus,
Gruß und Segen,
sagten sie:
Wer ist das?
Nie davon gehört,
Ich-werde-da-sein?
Ein Gott? Wo denn?
Für mich, verwilderter Hund,
Hure in der Gasse?

Ja für dich, wusste ich,
doch wusste nicht wie.

*

Gesegnet Gott-ich-werde-da-sein,
Du, unsere Freude.

Wir haben die Mauern, Stein für Stein,
und die Tore wiederaufgebaut
und dein Haus
und die Häuser der Armen.

Wir haben den großen Herren
Grund und Boden entzogen,

die Götter der Herren demaskiert,
ihre Sklaven befreit,
ihre goldenen Kälber umgeschmolzen zu Pflügen,
genommen die Schuldenlast
von den Schultern der Armen.

Wir haben die Worte des Mose,
die Weisung des Lebens, das Buch
zum Vorschein geholt
aus Nacht und Nebel, das Buch.
Und stehend auf einer Erhöhung
auf dem Platz vor dem Wassertor,
las man mit lauter Stimme das Buch,
die uralten Worte übersetzt und erklärt.
Und alle, Männer und Frauen, verstanden,
beugten sich nieder und weinten.

Wir feierten Auszug aus dem Knechtshaus,
tranken den Bund, aßen Zukunft,
riefen: Ab jetzt ist dies Buch unser Weg.

Träumten Friede auf Erden
und sangen:

Die säten in Tränen,
kehrten heim mit glänzenden Garben.

— 2. —

Wenn Gott uns heimbringt
aus der Gefangenschaft –
das wird ein Traum sein.

Wir werden singen,
lachen und glücklich sein.
Dann sagt die Welt:
»Ihr Gott tut Wunder.«
Ja, du tust Wunder,
Gott in unserer Mitte,
du, unsere Freude.

Bringe uns heim,
kehr uns zum Leben
so wie die Flüsse
in der Wüste,
die, wenn der Regen fällt,
aufs Neue fließen.

Wer sät voll Trauer,
wird ernten in Freude.
Ein Mensch geht seinen Weg
und sät unter Tränen.
Voll Singen kehrt er
heim mit den Garben.

127

Die Bauleute plagen sich,
die Maurer arbeiten, nass vor Schweiß –
aber Gott-ich-werde baut das Haus?

Die Wächter laufen Wache.
Doch Er sorgt für Sicherheit?

Was sollen wir uns noch plagen und sorgen,
früh aufstehen, lange Tage
für ein dürftig Stück Brot.

Das einzig für uns Nötige,
Er gibt es den Seinen im Schlaf.

Darum viel schlafen, Geliebte
in den Armen, Kinder machen,
Töchter empfangen und Söhne,

große Familie werden –
sie sind dein Überleben,
dein Gewinn, wertbeständig.

Gesegnet wir, wenn es gelingt,
gesegnet, wenn Er es gibt.

128

Mann, Frau, hier geboren,
aber auch du Fremder, Mitbewohner,
eingeschleustes Mädchen,
an den Zuhälter verkauft,

so viel, wie ihr seid:
gesegnet.

Männer, mit euren eigenen Händen
verdient ihr euer Brot,
Frauen, schwer wie Weintrauben –
eure Töchter wehende Palmen,
eure Söhne Olivenzweige
rund um euren Tisch,

zählt eure Segnungen – was ist Glück?

So möge es sein und dauern
hier in dem Land, wo ihr wohnt
in Städten, Dörfern und Weilern

bis in die letzten Winkel
dieser Erde.

Für deine Nachbarn in der Nähe
sing Friede,
für deine Kindeskinder und deren Lieben

Friede auf Erden, nun.

129

Gequält von klein auf
– sag es doch, Israel, sag es –,

seit meinen frühesten Tagen gequält,
doch nicht gebrochen.

Pflügende haben meinen Rücken durchpflügt,
lange Furchen gezogen,

doch Er, der Eine, der weiß,
hat mich losgemacht aus dem Zaumzeug,
gekappt den Strick, der mich band.

Immer wieder hassen sie mich
– sag es doch, Israel, sag es –,
doch manchmal schrecken sie zurück
und tritt ein die Stille der Scham.

So wie Gras auf den Dächern verdorrt,
sollen verdorren meine Hasser.

Kein Korn liegt in ihrer Hand,
keine Garben stehen auf ihren Feldern.

Niemand sagt: schöner Herbst,
niemand winkt noch und grüßt.

Niemand segnet ihn mit dem Namen,
so wie wir einander tun:

Ich segne dich mit dem Namen!
Auch du sei gesegnet, mein Junge.

130

Aus der Tiefe rufe ich dich,
hör meine Stimme, du.
Öffne deine Ohren, du, und lausche
meiner Stimme, die um Gnade fleht.

Würdest du Sünden zählen,
wer wird dann bestehen?
Aber bei dir ist Vergebung,
so willst du gekannt sein.

Ich warte auf Ihn und hoffe,
meine Seele wartet auf Ihn und harrt aus.
Ich halte mich an Sein Wort.

Meine Seele schaut aus nach Ihm,
wie der Wächter hält
Ausschau nach dem Morgen,
nach dem Morgenlicht.

Israel, harre auf Ihn,
denn bei Ihm ist Gnade.
Kraft, um zu befreien,
ist bei Ihm, viel Kraft.

Er wird dich befreien,
Israel,
aus der Macht der Ungerechtigkeit.

130 A

Aus der Tiefe, dich vergessen,
ruf ich dich.

Aus der Tiefe
aus dem gähnenden Abgrund
aus dem qualmenden Fetttopf, der riechenden Bettstatt
aus der rosengeschmückten
lilienüberwucherten Fallgrube
aus dem betäubenden Tal der Vertuschung
wo an ihre silbernen Räder
gekettete Kinder –
mit zugenähten Lippen
murmeln
und gerade noch rufen und wüten
dann wieder Gemurmel:
Was hat uns verlassen oder wer
ich würde es nicht wissen.

Aus der Tiefe, dich vergessen,
ruf ich dich.

Aus der Tiefe lichtscheu
dicht geschrieben –
müde und hustend
weiß nicht, wie lang noch,
hört nicht den Flötenton
den Schrei der Möwen
ein Wort und noch eins
einen Trompetenstoß;

irgendwie unglücklich weint um seinen Vater
eine Mutter einen Hund einen Geliebten
einen Gott
würde gern rufen
aber ruft nicht.

Aus der Tiefe, dich vergessen,
ruf ich dich.

Aus ihren kupfernen Zinnen
Wassergold strömenden
aus dem Staubgold stiebenden Abgrund
aus ihrem gestohlenen Abgrund
aus ihrem zugeschütteten Haupt
aus ihren verloschenen Vulkanen
aus ihrer leer geraubten Landschaft
aus ihrem entleerten Bildersturm-Himmel
aus ihrem verbrannten Haus

hinter ihrem Sklavenlächeln
tödlich schweigend
hinter ihren Bettleraugen
schwarz unerreichbar
doch noch das Licht nicht vergessen
den Stern des Morgens

aus ihrer Scham, dem Wahnsinn, der Missgeburt
mit ihren Scherbengesichtern
Splittern von Mündern
Beinahe-Worte von Menschen
rufen sie –

und du wirst nie mehr fragen:
Wer hat mich gerufen.

Aus der Tiefe, gottverlassen,
ruf ich dich.

Aus Wörtern Worte windend
wie ein Wurm aus der Tiefe
und kein Mensch mehr
so die Stimme meines Rufens.

So wie eine vor Durst beinah Sterbende
kriecht durch das Feuer

so wie in der Hitze die ersten Tropfen
fallen vom Platzregen
so die Stimme meines Rufens

so wie hinter den Bergen
aufglüht die Sonne

so wie plötzlich über die Mauer der Nacht
das Morgenlicht springt
so die Stimme meines Rufens.

Aus der Tiefe, dich vergessen,
ruf ich dich.

131

Du,

ich wähne mich nicht weiser,
ich bin nicht mehr als ein Mensch,
wend mich nicht ab von meinem Nächsten,
träume nicht hochtrabende Träume,
ich habe meine Bestimmung erkannt,
meine Seele ist zur Ruhe gekommen,

ein Kind, das getrunken hat
und ruht an der Brust seiner Mutter,
so ist meine Seele in mir.

Ich warte auf dich, ich warte
von nun an bis in Ewigkeit,
weil dein Name lautet

Ich-werde-da-sein.

132

Ich werde in meinem Haus nicht wohnen,
in meinem Bett nicht schlafen,
ich werde meine Augen nicht schließen,
ich werde nicht ruhen, keinen Augenblick,
bevor ich gefunden habe:
einen Ort, wo Er wohnen kann,
einen Platz, um zu ruhen für Ihn,
der Gott ist, der einzige Wahre.

Ich werde in meinem Haus nicht wohnen,
ich werde meine Augen nicht schließen,
ich werde nicht ruhen, keinen Augenblick,
ich mag vergehen vor Durst,
bis ich gefunden habe:
einen Ort, wo die Toten leben,
einen Platz, wo Recht widerfährt
allen Verworfenen der Erde.

133

Allein geht auch
mit zweien noch besser
zwei oder drei
mit zwölfen
oder sieben mal sieben
einträchtig.

Du wäschst deinen Wuschelhaarkopf
dein Haar wird weich
du reibst die Salbe hinein
es tropft über deine Wangen
in deinen Hals.

So fühlt es sich an: sein mit
vielen, sicher –
Tau sinkt nieder
vom Hochgebirge
in der Morgensonne.

Man kennt einander
man weiß, zu wem man gehört
gesegnet bist du

so fühlt sich die neue Welt an
die kommen wird.

134

In deinem Dienst
stehe ich
in deinem Haus

ganze Tage
zum Heiligen
meine Hände
ausgestreckt

zu dir.

Ich denke dich
ich danke dir

dass du diese Erde
machtest
und die Sterne
und die Sonne

und die Menschen, uns

undenkbar Gott.

135

Lobgesang für dich.

Wir, geborene Sklaven,
stehen, mit Seelenstimmen zu singen
in deinen blühenden Höfen, deinen Marmorhallen.
Gut von dir, dass wir hier sein dürfen.
Dass du über alle Götzenerfindungen
unser Gott bist und bleibst.

Der unseren Herzschlag hört,
uns lässt verlangen
nach Sternen – Feuer – Vulkanen,
Brandung, Nebelfeldern Atemstürmen.

Lobgesang für dich.

Im Angstland hat es begonnen,
dein Gefecht für unser Leben
gegen Göttersöhne aus Sonne –
sie starben einer nach dem andern,
aufständische Sklaven erhielten ihr Land:
Aufständische wurden dein Volk,
erhielten ihr Land – es wird so sein,
ewige Tage.

Tu Menschenrecht an deinem Volk.
Beweg es zum Frieden jetzt.

Ich denke den, danke dem Einen,
der mir zusagt Ich-werde.

Der mich schickt von einem zum andern,
um einander zu befreien.

Lobgesang für dich.

136

Segen und Dank, du bist gut,
du Gott allein, du Freund:
hoch über allen Göttern
du und deine Freundschaft.

Wunder hast du getan,
nur du – mit deiner Freundschaft.

Du von den Himmelsgewölben,
du von der Erde-auf-Wogen-gebaut,
du von der großen Freundschaft,

du vom Mond in der Nacht, von den Sternen,
du von der Sonne am Tag, von der feurigen Freund-
schaft.

Der meine Feinde packte,
er ließ mich entkommen aus seinem Bannfluch:
Segen und Dank für deine Freundschaft.

Mit erhobenen Händen
hast du das Meer geteilt,
und da ging ich frei hinaus,
Dank und wieder Dank für deine Freundschaft.

Kam in die Wüste,
kämpfte ich mit Riesen und Drachen,
Sihon, der Amoriter.
Og, der König des Baschan.

Kam ich in ihre Oase,
erhielt ich sie, durfte da trinken,
dank dir für so viel Freundschaft.

Nichts war ich, du gabst mir alles,
raubtest mich weg aus Raubvögelnestern –
Frieden bist du und Brot für die Welt.

Segen und Dank
für deine ewig dauernde Freundschaft.

137

An den Strömen von Babel-Verwirrung,
dort saßen wir.
Und als wir dann dachten an zu Haus,
an unsere Sonnenlichtstadt, weinten wir.
Und an die Weiden, die da blühen,
hängten wir unsere Harfen.
Denn die uns deportierten,
baten uns zu singen, die Schinder,
das wollten sie gerne hören,
schöne Liedchen
über unsere Sonnenlichtstadt Zion.
Doch das konnten wir nicht
unter einem fremden Himmel,
singen über Ich-werde.

Sollt ich dich je vergessen,
sterbe meine rechte Hand.
Sollt ich deiner nicht mehr gedenken,
lass meine Lippen verstummen.
Stadt des Friedens, meine Krone.
Und lass es Ich-werde nicht wagen,
jemals den Tag zu vergessen,
da unsere Feinde schrien:
»Weg mit ihnen, nieder die Stadt.«

Frau Babel, du Furie,
gesegnet, die dir das vergelten.
Nichts bleibt übrig von dir.

Und wenn sie deine Kinder ergreifen
und sie zerschmettern am Felsen,

wie wirst du heulen.

138

Mein Herz eine Harfe, eine Geige,
ich singe und spiele dir, Gesegneter.

Hoch auf ihren Thronen, ich höre sie,
die höchsten Wesen der Welt.
Ich trotze ihrer, ich sing ihnen den Namen zu:
»Freundschaft, Erbarmen und Treue.«

Name, der mir klang in den Ohren,
der jetzt noch klingt in meiner Seele:
»Ich werde sein, der ich bin, für dich.
Freundschaft, Erbarmen und Treue.«

Ich traute meinen Ohren nicht,
rief nach oben: Was meinst du?
Versteh ich das richtig? – Ja, richtig
klang eine Stimme in meiner Brust.

Du hast mich gestärkt tief drinnen.
Ich muss durch das Nadelöhr,
du ziehst mich hindurch, du auf ewig
Freundschaft, Erbarmen und Treue.

Du lässt nie fahren dein Werk,
das zerbrechliche Werk deiner Hände.

139

Du
Du ergründest mein Herz, du durchschaust mich.
Du weißt um mein Gehen und Stehen.

Du kennst meine Gedanken von Ferne,
mein Reisen und Wandern, mein Ruhen.

All meine Wege sind dir bekannt –
jedes Wort, das kommt über meine Lippen,
unausgesprochen noch, du hörst es schon.

Hinter mir bist du und mir voraus.
Du legst deine Hände mir auf.
Das ist es, was ich nicht begreifen,
nicht denken kann, das ist mir zu hoch.

Wie dem Hauch deines Mundes entkommen,
wohin flüchten vor deinem Angesicht?

Erklimm ich den Himmel, da bist du,
steig ich ab in die Erde, da find ich dich auch.

Hätte ich Flügel des Morgenrots,
flöge ich über die fernsten Meere,
auch dort du, deine Hand,
deine Rechte, die mich festhält.

Riefe ich: »Finsternis, bedeck mich,
Licht, werde zu Nacht« –

für dich besteht die Finsternis nicht.
Für dich ist die Nacht so licht wie der Tag,
die Finsternis ebenso strahlend wie das Licht.

Deine Schöpfung bin ich mit Herz und Nieren,
du hast mich gewebt im Schoß meiner Mutter.

Meine Seele und Glieder sind dir vertraut,
in mir war nichts deinen Augen verborgen,
als ich geformt wurde tief im Geheimen,
prächtig gewirkt im Schoß der Erde.

Ich war noch nicht geboren,
du hattest mich schon gesehen,
und all meine Lebenstage standen in deinem Buch,
bevor auch nur einer durch dich geschaffen.

Du, Ewiger, ergründ nun mein Herz, erforsch mich,
prüf meine geheimen Gedanken.

Mein Weg führt mich doch nicht in die Irre?
Leite du mich fort auf dem Weg deiner Tage.

139 A

Kennst du mich? Wen kennst du dann?
Kennst du mich besser als ich?

Augen, die durch die Sonne hin blicken,
die Stelle suchend, an der ich wohne,
bist du –
Sinnbild für einen,
der nett ist und unermesslich fern,
der nicht steht und nicht fällt und nicht fühlt
wie ich, nicht kalt und hochmütig.

Hier ist der Ort, an dem ich wohne:
ein Stuhl auf dem Wasser, ein Fenster,
an dem entlang das aufklärende Wetter
oder das fallende Dunkel vorüberzieht.
Hast du gerufen? Hier bin ich.

Ich weiß nicht, was in mir ist,
wie viel, wie wenig, ich sag
die Worte, die ich gelernt habe,
so gut es geht: »Liebe,
ja, ich werde, ich will, du,
wir, ich Menschen« – aber was echt ist,
unleugbar und geläutert
in diesen Worten, weißt du es?

Ich würde ein einziges Wort sprechen wollen,
irgendeinmal, das wahr ist und von mir,
das trägt, wer ich bin, das es hält,

und aufrecht steht
wie ein Mensch, der mich anschaut
und spricht:
Ich bin dein reinstes Selbst,
fürchte dich nicht, versteh mich, ich bin.

Niemals kommt es über meine Lippen.
Aber du hast es schon verstanden?
Bist du dann tiefere Stille
als meine Verstummtheit in mir,
bist du so selbstlos anwesend in mir,
dass du das Seufzen und Ächzen hörst,
das ich selbst nicht hören kann?

Hörst du, ob in mir geboren wird
der andere, der ich sein wollte?

Bist du der Einzige, vor dessen Augen
meine Nacktheit nicht verborgen ist?
Kannst du es aushalten, wie sonst niemand,
dass ich nichts ausstrahle, nicht warm bin,
dass ich nicht schön bin, nicht viel,
dass in meiner Tiefe kein Quell entspringt,
dass ich nur dieses Gesicht habe,
kein anderes.
Bin ich von dir, ohne Scham,
gesehen, genommen,
von keinem Geringeren?
Würde das nicht viel zu viel
wahr sein?

Kennst du mich? Wer bin ich denn?
Kennst du mich besser als ich?

140

Rette mich
von ihren düsteren Plänen,
Fußangeln, Fallstricke, Fallgruben
ersinnen sie –
ihre Zungen sind sprechende Schlangen.
Ich will einen Gott,
der ihre böse Absicht vereitelt,

ich will dich.

Brich das System.
Webe ein unantastbares Gewebe
um mich her, eine Lichtzone.
Für alle Armen und Betrogenen
schaffe einen unantastbaren Lichtwall,
an dem ihre Jäger abprallen.

Richt eine hohe Hecke auf,
wo sie nicht herüberkönnen
mit ihren schweren Leibern.

Lass sie betrunken
ins offene Feuer taumeln,
glühende Kohlen in ihrem Bart.
Lass sie weggespült werden
mit ihren eigenen Ausscheidungen,
tief in die Kloake.

»Recht gewinnt« ist dein Name.
So muss es sein,

ich will dich.

141

Die Sache eilt.
Ich brauche Antwort.
Hier steh ich
in Qualm von Weihrauch,
mit erhobenen Händen –
stehe und bete, was heißt beten,
aber mit
einem Herzen voller Wut,
tretend
wild drauflos.

Leg eine Hand auf meinen Mund.
Beruhige meine Seele,
dass ich nicht auf sie einschlage
und das Böse tue,
das ich nicht will,
ebenso verrottet wie sie.

In einem Spalt der Erde
liegt mein Gebein vergeudet,
knapp vor dem offenen Maul des Todes,
der mich verschlingen wird.

Doch vielleicht bist du
eher bei mir –
ich erwarte dich,

komm mit großer Eile.

142

Rufen. Schreien ist es.
Wen rufst du, sagen sie.
Schrei nicht so, du.

Gott ruf ich. Gott schreit meine Stimme.
Flehen ist es. Klagen, Selbstmitleid,
Wut ob der Beleidigungen und Lügen.

Gott rufst du – Aufmerksamkeit willst du?
Er lauscht? Antwortet? Bei Ihm
bist du sicher? Ein Vater?

Ja, um Aufmerksamkeit schrei ich.
Und Er hört. Das glaube ich.
Das tröstet mich. Ja, Er wird.

143

Fordere mich nicht. Frag nichts.
Ich bin ein Verfolgter,
einen Feind hab ich in meiner Seele,

der mich in einen dunklen Schrank tritt,
mein Geist ist ein sterbendes Pferd,
mein Herz ein Steinhaufen.

Es war einst ein Kind in mir.

Meine Brust leergeraubt,
meine Seele ein ausgetrockneter Fluss –
Ende vom Lied, Abstieg in die Grube.

Und nun du, lass dich sehen,
morgen machst du mich früh wach
und wir gehen – ja?

Such ich dich vergebens?
Ist da ein Weg? Nein. Nein?
Schaffe den Feind aus mir fort.

Blas deinen Atem in meine Lungen.
Ström meine Seele wieder voll.

144

Gesegnet der Fels, der mein Gott ist,
gesegnet der Name.

Lern nicht, das Schwert zu schwingen,
lern nicht, den Dolch zu stechen
und wo das Herz ist –
dass du mit einem Stoß …

Nimm dein Gewehr weg:
Wer ein Gewehr hat,
wird es gebrauchen.

Du musst deine Liebsten beschützen,
verteidige ihr Leben, aber töte nicht,
unterstell dich dem Wort des Felsens,
der dir gesagt hat: Nicht morden.

Möge das Wort dir Rettung sein.

Ein Atemzug bin ich, ein Schatten.
Lass mich da sein,
dass ich nicht aufgehe in Rauch,
nicht in der Brandung untergehe,
nicht durch Feind vernichtet werde –
dass ich noch singe dies Lied.

Gesegnet der Fels, der mein Gott ist,
gesegnet der Name.

Söhne, jung noch, wie hohe Pflanzen
will ich, Töchter wie Säulen,
scheunenvoll Weizen und Roggen,
tausende Schafe, dicke
trächtige Kühe.

Und in meiner Stadt kein Geschrei,
sondern süßes Gemurmel von Liebe
in den Straßen – und Singen.

Gesegnet der Fels-Ich-bin,
der mein Gott ist.

Gesegnet der Name Ich-werde.

145

Jeden Tag, alle Tage,
Jahrhundert auf Jahrhundert,
für Zeit und Ewigkeit
werde ich dir singen –
dass du der Barmherzige bist.

Unsichtbarer, großer, nicht Ergründbarer,
nicht zu umarmen.
Besingen soll ich deine großen Werke:
Gründung der Erde,
Ausspannen des Himmels.

Und dass du Freund bist,
lieb wie ein Mann zu seinem Kind,
wie eine Frau zu ihrem Liebsten:
Möge das wahr sein.

Dass du und kein anderer
Gott bist für diese Welt,
Hände, die geben,
Augen, die sehen und bewahren:
Möge das wahr sein.

Meine Augen schauen nach dir aus.
Dich rufe ich, weißt du das wohl?
Ich, mit dieser einzigen Stimme
und ohne Stimme, wenn nötig –
erkennst du das? Dann ist es gut.

Für dich, Barmherziger,
den ich vermute –
den ich nicht fühle und nicht kenne,
aber doch erhoffe, dass du bist,
lass mich nur singen.

Jeden Tag, alle Tage,
Jahrhundert auf Jahrhundert,
für Zeit und Ewigkeit
werde ich dir singen –
dass du der Barmherzige bist.

146

Lass mich nur singen, solang ich noch kann.
Lass mich doch singen, solang ich noch bin
bei Verstand und bei Stimme.
Wen soll ich singen? Dich soll ich singen,
keinen anderen, Fremden,
dich, allein dich, wieder dich,

der am Himmel den glühenden Lichtball …,
der an dem Baumstumpf die Zweige …,
der die Meere durchfährt, dass sie schäumen
ewige Treue.

Solange die Erde noch rund ist
und Frieden ein vierkanter Zirkel,
lass mich doch singen, mein Herz auf meiner Zunge.

Solang die Kriege noch dauern,
die Lebenden sterben,
die Toten nicht aufstehen,
lasst uns noch singen
mit Morgengoldlippen
aus Abendrotkehlen

die ewigen Worte von Liebe und Frieden
von dir, allein dir, wieder dir.

Dass du sein wirst,
der du gesagt hast zu sein:
Brot für Hungerdiebe,

Licht für Blinde,
für Flüchtlinge Zuflucht überall,
wie du gesagt hast: Ich-werde.

Lass mich nur singen, lasst uns doch singen
von ungeschändeter Landschaft,
kein Kind mehr verloren –
Schufte und Schänder sind vorbei,
alle Dinge neu,
mit sanftem Licht geladen jede Batterie,
Zucker und Honig, Brot und Wein in jeder Wohnung,
und die Glocken schlagen Gerechtigkeit.

Wird da jemals noch, doch, ein König sein,
eine höchste Majestät

dann du, allein du,
wieder du

auf immer.

147

Fällt deine Stadt in Schutt,
du baust sie auf, und wieder.

Werden deine Menschen
in Gefangenschaft geführt,
du gehst mit ihnen mit.

Als mein Herz gebrochen war,
hast du vorsichtig
die Stücke geleimt.

Du hast alle Monde und Sterne
gezählt und ihnen einen Namen gegeben.
Gut von dir, du scheinst wohl
allmächtig, allwissend –
siehst du, wie jemand erniedrigt wird,
du hilfst ihm aufstehen.

Den Himmel bedeckst du mit Wolken,
dass es regnet auf Erden,
dass die Berge aufblühen,
Tiere nicht sterben vor Durst,
und selbst ein Rabenjunges
hat nichts zu fürchten.
Pferdekraft, Soldatenmacht
gefällt dir nicht, vielmehr
zarte Kräfte, Freundestreue.

Deine Stadt muss stark sein,
Frieden ausstrahlen,
offene Tore für alle.
Du sorgst in deiner ganzen Umgebung
für Wasser und Nahrung genug.

Und für Worte voll Hoffnung,
die verbinden und trösten.

Und wenn es zu heiß wird, für Eis,
und wird es zu kalt, fürs Tauen.

Du hast uns gewiesen
den Weg deiner Liebe.

Dieses Lied dankt dir dafür.

148

Ich preise dich glücklich,

und wenn da höhere Wesen bestehen,
preisen auch die dich glücklich –
geflügelte Legionen,
Sonne, Mond, flitzende Sterne,
Meere über dem Himmel.

Meere rufst du, und sie sind
und halten sich an dein Wort.
Auch Drachen preisen dich glücklich,
dass sie da sein dürfen, und die Brandung,
Feuer, Hagel, Wolken, Schnee.

Auch die Stürme tun, was du sagst,
der Berg, der Baum im Wald,
Rind und Vogel,
Königin und König.
Rechtsprechung preist dich glücklich,
weil du weißt und schweigst.
Junge Herren und schöne Frauen,
auch Grauköpfe preisen sich glücklich
um des großen Namens,
den du dir erworben hast und danach handelst,
dass du frei gehen lässt
alles Bestehende.

Auch Israel,
um Vergangenes, Heute und Zukunft

preist sich glücklich,
lobt und preist und dankt dir,
feiert und singt dir
und weiß von Aufhören nicht.

149

— 1. —

»Sing ein neues Lied für Ihn«

Alles ist schon gesungen.

Aber noch nicht alles durch dich –
hast du noch Luft in den Lungen?

Gib mir sieben Akkorde
vorweg,
dann folgen die Worte.

— 2. —

Der mich trug
auf Adlers Flügeln,

der mich hat geworfen
in die Weite,
und als ich kreischend fiel
mich aufgefangen
mit den Schwingen
und wieder hoch mich warf,

bis dass ich fliegen konnte
aus eigener Kraft.

150 (Niederländisch)

Eeuwige hier nu
die ons adem geeft
gezegend Gij.

Om leven dat doorgaat
om dagen van morgen
God ondenkbaar
boven alle machten van de wereld
Gij god alleen

op violen gitaren
toetsen harpen saxofonen fluiten
met stemmen schorre klare
hoge lage.

Eeuwige hier nu
die ons adem geeft
gezegend Gij.

150

Ewiger hier nun,
der uns Atem gibt,
gesegnet du.

Um Leben, das weitergeht,
um Tage von morgen,
Gott undenkbar
über alle Mächte dieser Welt,
du Gott allein

auf Geigen, Gitarren,
Tasten, Harfen, Saxophonen, Flöten
mit Stimmen heisere, klare,
hohe, tiefe.

Ewiger hier nun,
der uns Atem gibt,
gesegnet du.

Anmerkungen

mit Dank an Alex van Heusden

Psalm 1

»Schuft und Schänder«: Wiedergabe des hebräischen Wortes *rasja,* das gewöhnlich übersetzt wird als »Sünder und Gottesleugner«.

Psalm 2

Jesus von Nazaret war ein Zimmermannssohn, Paulus »Zeltmacher« und Matthäus Zöllner.

Psalm 4

» .. wie eine Frau in den Wehen …«: siehe Römer 8,22.

Psalm 6

»Dein Name«: In den Psalmen und in der ganzen Bibel wird der Name Gottes wiedergegeben mit den vier Buchstaben JHWH. Dieser Name wird nicht ausgesprochen, stattdessen gelesen als Adonai, HERR. Im Buch Exodus fragt Mose nach dem Namen der Stimme, die ihn aus dem brennenden Dornbusch gerufen hat (Exodus 3,13). Danach folgt der Text: »Gott sprach zu Mose: ›Ich werde da sein, so wie ich bin‹« (Exodus 3,1). In diesem Buch folge ich bei meiner Wiedergabe des Gottesnamens dieser Übersetzungstradition.

Psalm 7

»Weltgemeinschaft«: im Hebräischen *gojiem,* meistens übersetzt als »Völker«; gemeint sind alle Menschen, die dem Volk Israels nicht zugehören.

Psalm 8

Der ursprünglich hebräische Text beginnt mit den Worten: »JWHW/Ich-werde-sein, unser Herr«.

Psalm 9

»Komm meinem Unglauben zu Hilfe«: siehe Markus 9,24.

Psalm 11

»Adam, wo bist du«: siehe Genesis 3,9.

Psalm 14

»Der Tor spricht in seinem Herzen: Es gibt keinen Gott« ist die wörtliche Wiedergabe der ersten zwei Zeilen im Hebräischen.

Psalm 15

»Verleihe großzügig dein Geld«: Dieser Psalmvers klingt durch das Evangelium des Lukas 6,30 ff.

»Sei stark und wanke nicht«: vgl. Josua 1,6.

Psalm 20

»Der Gott Jakobs«: ist in vielen Psalmen der zweite Name des JHWH – Ich werde sein. Um diesen Gott kennenzulernen: siehe die Geschichten von Abraham, Isaak, Jakob und Josef im Buch Genesis, ab 11,27. Ich verweise auch auf Genesis 32,23 ff., wo Jakob den Namen Israels empfängt.

Psalm 21

»Gesang und Gegengesang«: ein Psalm, in dem über »Gott-Ich werde dasein« gesagt wird, dass Er die Feinde Israels »lässt brennen wie ein Feuer in einem Ofen«, dass Er »ihn in seiner Wut verschlingen wird«, dass Er »seine Kinder vertilgen und seine Nachkommenschaft ausrotten werde«, erfordert einen »Gegengesang«.

»doch seine Geliebten«: siehe Daniel 3,17–24

Psalm 22

»als die Erde … bebte«: siehe Matthäus 27,51.

Psalm 23

»dass du meine Füße wäschst, sie salbst mit Balsam«: siehe Lukas 7,38.

Psalm 26

»Ich wasche meine Hände in Unschuld« (3. Str.): siehe Matthäus 27,24.

Psalm 34

»Ein Lied gesungen, als ich tat, als wäre ich verrückt …«: eine Paraphrase der Überschrift des hebräischen Textes (siehe 1 Samuel 2,12–15).

»und die Vögel des Himmels«: siehe Lukas 13,18–19.

Psalm 38

»Dich habe ich verleugnet«: siehe Lukas 22,55–62.

Psalm 42

In Teil 3: »Auf Reisen, verärgert, tot«: ein Hinweis auf Nietzsches »Gott ist tot«-Text aus *Die fröhliche Wissenschaft* von 1882. So auch »als ob der Horizont ausgewischt würde / die Erde losgeschlagen von ihrer Sonne«.

Psalm 44

»dass kein Hunger, keine Gewalt« und die Sätze, die folgen, sind eine Paraphrase von Römer 8,38–39. In Römer 8,36 zitiert Paulus Psalm 44,23.

Psalm 45

»Mein Herz ist in Aufruhr« und die folgenden vier Strophen folgen dem ursprünglichen Text des Huldigungspsalms für den König von Israel, der als messianische Gestalt gefeiert wird. Im Folgenden wird der messianische Auftrag zur Befreiung gegeben an einen »jüngeren Bruder« des Messias-Königs, der seinen Platz zugewiesen bekommt in den Reihen der Knechte, siehe Jesaja 42–53.

Psalm 48

»die herabkommt«: siehe Offenbarung 21,2.

»alle Sonntage wieder«: während der Feier der Liturgie.

Psalm 49

»Töchter und Söhne der Eva«: Im ursprünglichen hebräischen Text steht: »Söhne des Adam«.

Psalm 50

»Sonnenlichtstadt Zion«: Die meisten Kommentare bringen Zion in Verbindung mit einem Wort, das »Trockenheit« bedeutet: außerhalb des Bereiches des Meeres mit all seinen Bedrohungen, daher: sicherer Berg, beschirmende Festung. Ich folge der Tradition der Volksetymologie, worin Zion mit Licht assoziiert wird, Fröhlichkeit, schöne Tage.

»Brandopfer«: siehe Hosea 6,6: »Barmherzigkeit will ich, keine Opfer; Erkenntnis von Gott will ich, keine Brandopfer.«

Psalm 51

»Ich bin nicht in Sünde gezeugt«: im ursprünglichen Text steht das Gegenteil: »Ich war schon schuldig, als ich geboren wurde, / schon sündig, als meine Mutter mich empfing.«

Psalm 53

Psalm 53 ist im hebräischen Buch der Psalmen identisch mit Psalm 14.

Psalm 54

»du nimmst mich ab«: siehe Lukas 23,53.

Psalm 57

»meine Seele bewahren«: siehe auch Psalm 62 und Psalm 121.

Psalm 61
»In allen dunklen Ecken …«: »Gott der Winkel, (…) aller dunklen Ecken und Stellen, aller ungesunden Quartiere der ganzen Welt«, schrieb Nietzsche (*Der Antichrist*, 17).

Psalm 64
Bemerkung der Übersetzer: »die lächerlichen Utopien des Tomatenpriesters«. In einer niederländischen Zeitung wurde Oosterhuis als Utopist, als »Tomatenpriester« verspottet: Er förderte die Sozialistische Partei, die eine Tomate in ihrer Fahne führte.

Psalm 66
»Mauer von Wasser«: siehe Exodus 14,22.

Psalm 70
In Teil 2: »Ein Schoß des Erbarmens«: frei nach Lukas 1,78–79, die letzten Verse des Zacharias-Liedes.

Psalm 71
»Aufgehoben hast du mich«: ein Verweis auf Jesaja 46,3–4.

Psalm 72
»im Namen Gottes ein König«: siehe 1 Samuel 8 und alle David-Erzählungen in den Büchern 1–2 Samuel, vgl. Psalm 21, *Gesang und Gegengesang*.

Psalm 76

»Ich kämpfte im Grenzgebiet«: siehe Genesis 32,23–32

»wurde eine Stimme aus dem Feuer«: die Stimme, die in Exodus 3,14 ihren Namen offenbart: »Ich werde da sein als der ich bin's«, auch Deuteronomium 4,12.

»Liebe stark wie der Tod«: siehe Hoheslied 8,6.

Psalm 78

»Sklavenhaus, Auszug«: siehe Exodus 14–17.

»die Wunder, die er tat«: siehe Exodus 7–11.

Psalm 79

»im Schatten unserer Bäume«: Diese Psalmenbearbeitung ist dem Gedächtnis von Abel Herzberg gewidmet. Er schrieb 1967, nach dem Sechstagekrieg, einen vierteiligen Reisebericht mit dem Titel »Im Schatten meiner Bäume«. Er endete den ersten Bericht mit diesen Worten: »Der Schatten der Bäume im Kibbuz begünstigt meine Grübelei. Ich denke an so manche arabische Jungen, die auch nicht zurückgekommen sind. Wie lange noch wird es dauern, bis dass sie zusammen den Begriff Menschheit vertiefen werden?«

Psalm 80

»Hirte«: Der ursprüngliche Text beginnt mit den Worten »Hirte Israels«. »Gott-Ich-werde« wird in den Psalmen erfahren als Hirte der ganzen Welt.

»das Blaue Meer«: das Mittelmeer.

»der Große Fluss«: der Euphrat, siehe Genesis 2,14.

Psalm 81
»dass Ägypten sie fürchtete«: siehe Exodus 1.

»verehrt nicht fremde Götter«: siehe Exodus 20,3–6.

Psalm 82
»Tue Recht«: kurze Zusammenfassung der Tora.

Psalm 86
»Ich klopfe an deine Tür«: siehe Lukas 11,5–8.

Psalm 87
»Das Zelt der Begegnung«: siehe Exodus 25,8: »Ich werde wohnen in ihrer Mitte.«

Psalm 89
»Eine Frau«: siehe Lukas 1,27.

»aus seinem Geschlecht«: siehe Lukas 1,33.2,4. Diese Strophen sind zu lesen als ein *Midrasch*, eine Auslegung des ursprünglichen Psalmentextes.

Psalm 90
»Er sagt: Gehe fort«: siehe Genesis 12,1.

Psalm 91
»Erhoben und geheiligt«: Bearbeitung des jüdischen Kaddisch-Gebets zum Gedenken an die Toten.

Psalm 94
Nach Verlauf etwa der Hälfte des ursprünglichen Textes kommt die Tora (»Sein Wort«) zur Sprache: »Glücklich der Mensch (…), der geleitet und unterwiesen wird in

deinem Gesetz und deiner Lehre« (vgl. Psalm 1). Tora bedeutet mehr als das Wort Gesetz, Lebenslehre. In dieser Bearbeitung wird die gewissenformende Kraft »Seines Wortes« betont.

»Saat in der Erde«: siehe Lukas 8,4–8.

Psalm 96

Der ursprüngliche Text ist ein überschwänglicher Lobpreis, »ein neues Lied«. Diese Bearbeitung ist Frage und Gegenstimme.

Psalm 102

»herabsteigt«: siehe Exodus 3,8. In der gängigen Vorstellung des alten Orients saß Gott auf einem Thron. Der Gott der Psalmen unterscheidet sich von allen Göttern dadurch, dass er von seinem Thron herabsteigt, um Menschen zu retten.

Psalm 103

»Du bist du«: siehe Exodus 34,6–7, wo JHWH nach dem großen Aufstand gegen ihn rund um das Goldene Kalb seinen Namen ausruft als neuen Bund der Vergebung.

Psalm 105

»Ein Ziegel«: In Exodus 1,8 werden die »Kinder Israels« dazu verurteilt, Ziegel zu schleppen.

»Wachteln«: siehe Exodus 16,13.

Psalm 106

»Wolkensäule«: siehe Exodus 13,21.

»Er trieb das Wasser zurück«: siehe Exodus 14,27.

»das Wasser war bitter«: siehe Exodus 15,23.

»Brot am Morgen«: siehe Exodus 16,12.

»schlug an den Felsen«: siehe Exodus 17,6.

»Goldenes Kalb«: siehe Exodus 32,1–7.

»erbarmend«: siehe Exodus 34,6.

»andere Götter«: siehe Psalm 115.

Psalm 110

»zum Segen«: siehe Genesis 12,2.

»Sonnenlichtstadt«: siehe Anmerkung zu Psalm 50.

»letzter Feind«: siehe 1. Korinther 15,26: »Der letzte Feind, der vernichtet wird, ist der Tod.«

»Melchisedek«: siehe Genesis 14,18–19. Über ihn wird in dem Brief an die Hebräer gesagt (7,1–3), dass er »Priester in Ewigkeit« und »keinen Vater oder Mutter, keinen Stammbaum, keinen Ursprung oder Lebensende« hatte. Er wurde gesehen als Vorverweis auf Jesus Messias.

»Ich träumte«: In der ursprünglichen Fassung dieses Psalms werden Köpfe zerschmettert und Leichen gestapelt.

Psalm 114

»Angstland«: Das bedeutet Ägypten; in Exodus 20,2 wird es »Sklavenhaus« genannt. Mit dem Wort werden Angst und Dunkelheit assoziiert. Siehe auch Psalm 81.

»Kauderwelschvolk«: Das ursprüngliche Wort drückt eine tiefe Missachtung aus für die unverstandene Sprache von Israels Unterdrücker.

Psalm 115

»meine Hilfe, Gegenüber«: siehe Genesis 2,18 »JHWH Gott sprach: Es ist nicht gut, dass der Mensch alleine ist. Ich werde ihm eine Hilfe schaffen, die ihm gegenüber ist.«

»von den zehn«: die zehn Worte, auch die Zehn Gebote genannt, siehe Exodus 20,2–17. Die zehn Worte sind Auftakt *und* Zusammenfassung der Tora, die »Lebenslehre« bedeutet, Lebensunterricht, Wegweisung.

Psalm 117

Psalm 117 ist der kürzeste der 150 Psalmen.

Psalm 118

»Und in mir sang ein altes Lied«: In dieser Strophe zitiere ich Exodus 15,8–10 aus dem Lied der Mirjam, der Schwester des Mose, das sie sang nach dem Durchzug durch das Rote Schilfmeer.

»Öffnet eure Türen«: siehe Lukas 13,24.

Psalm 119

Psalm 119 ist der längste der 150 Psalmen. Es ist ein Alphabet-Psalm. Zweiundzwanzig Buchstaben zählt das hebräische Alphabet: Aleph, Beth, Gimel, Dalet usw. Zweiundzwanzig Strophen zählt dieser Psalm, jede Strophe besteht aus acht Versen. In der ersten Strophe beginnen alle Verse mit einem Aleph, in der zweiten mit einem Beth usw. Rhetorische Kunstfertigkeit, verfeinertes Sprachspiel, 176 Verse lang – und weil jeder Vers aus zwei Zeilen besteht, zählt dieser längste der 150 Psalmen 352 Zeilen. Ich habe das alphabetische Meisterstück nicht angewandt, aber wohl die Struktur der 16 Zeilen pro Strophe beibehalten.

»die Absprache«: Gemeint ist »der Bund«, durch JHWH-Gott mit Israel am Sinai geschlossen, siehe Exodus 24,1–18.

Psalm 124

Bemerkung der Übersetzer: Strick entzwei/du bist frei« (Nl.: Strik gebroken/jij ontkomen«). Eine Variante auf Luthers Übersetzung.

Psalm 126

In dem hier folgenden epischen Text wird der Bericht von der Gefangenschaft und der Rückkehr erzählt anhand der Bücher Samuel, Könige, Ezechiel, Esra und Nehemia.

»Tausende kehrten zurück«: siehe Esra 2,64.

»Israels erster König«: siehe 1 Samuel 10,1.

»David, der Legendarische«: siehe 1 Samuel 17,50 und den Rest der Bücher Samuel.

»der feinsinnige Literat«: Salomon werden das Hohelied, das Buch der Sprüche und Prediger zugeschrieben.

»Rehabeam«: siehe 1 Könige 12,11.

»Amos«: einer der 12 »kleinen Propheten«, siehe Amos 8,4–10.

»Elias«: siehe 1 Könige 18–19.

»Jerusalem, so hochgestellt«: siehe 2 Könige 24–25.

»an den Strömen von Kebar«: siehe Ezechiel 3,15.

»im Namen des Kyrus«: siehe Esra 1,1.

»Wir haben die Mauern«: siehe Nehemia 3.

»weggenommen die Schuldenlast«: siehe Nehemia 5.

»und stehend auf einer Erhöhung«: siehe Nehemia 8.

Psalm 132

Die erste Strophe dieses Liedes geht zurück auf die Verse Ps 132,3–5. Die 2. Strophe ist die Auslegung und Konkretisierung der ersten.

Psalm 136

»Mit hoch erhobenen Händen«: Exodus 14,16.

»Sihon, der Amoriter«: siehe Numeri 21,21ff.

»Og, der König des Baschan«: siehe Numeri 21,33.

Diese Bearbeitung ist Joseph Gelineau (1920–2008) gewidmet, dessen Vertonung dieses Psalms als Refrain »Car eternel est son amour« meine erste Begegnung war mit der »Liturgie in der Volkssprache« im Jahr 1954. Gelineau hatte großen persönlichen Einfluss auf Bernard Huijbers, und damit auf die niederländische Kirchenmusik der letzten fünfzig Jahre.

Psalm 137

»Babel-Verwirrung«: siehe Genesis 11,1–9.

»Sonnenlichtstadt«: siehe Anmerkung zu Psalm 50.

»unter einem fremden Himmel«: siehe die »Geschichte« von Psalm 126.

Psalm 138
Dem Gedächtnis an Bernard Huijbers (1922–2003) gewidmet.

Psalm 139 A
Der Text des Liedes »Kennst du mich«, »Ken je mij« ist vertont von Stijn van de Loo, gesungen auf der CD *Licht* (Verlag Terra 2007, 2. Auflage).

Bemerkung der Übersetzer: Dieses Lied wurde auch gesungen von Oosterhuis' Tochter Trijntje, eine bekannte niederländische Sängerin (Pop/Soul), und ist inzwischen bei vielen bekannt und beliebt (siehe YouTube: *Ken je mij, Trijntje Oosterhuis).*

Psalm 147
»Du gehst mit ihnen mit«: In der großen Vision am Beginn des Buches Ezechiel, zur Zeit von Judas Gefangenschaft, wurde der Thron, auf dem Gott saß, vorgestellt wie ein Wagen, ausgestattet mit Rädern. Ein mobiler Thron also: Gott zieht mit seinem Volk in die Gefangenschaft.

Psalm 149
»Sing ein neues Lied für Ihn«, so beginnt der ursprüngliche Text von Psalm 149. In der Folge dieses Liedes habe ich den Auftrag erfüllt.

»Der mich trug«: siehe Exodus 4,4 und Deuteronomium 32,11; aus einem der ältesten biblischen Lieder, das Lied des Mose.

Psalm 150
Um Leben, das fortläuft ist der Titel einer Psalmensymphonie (1–8–10–16–19–23–42–82–102–139–146–150), vertont von Antoine Oomen für vierstimmigen Chor und Instrumente. Diese Psalmensymphonie ist Prinz Claus der Niederlande (1926–2002) gewidmet.